本能寺の変 88の謎

井上慶雪

祥伝社黄金文庫

◇歴史は時代とともにその見方、解釈が変わってくるものである。

私は、「コロンボ刑事」の捜査さながら、史料の断片の一つ一つを実証史学のスケーリングを通して、徹底的に洗い直してみたら、こんな「本能寺の変」が出来上がったのである。

［まえがき］

二〇一三年（平成二十五年）十一月に、駐日アメリカ合衆国大使としてC・B・ケネディ氏（当時五五歳）が就任した。このケネディ大使はいうまでもなく、一九六三年（昭和三十八年）十一月二十二日、テキサス州ダラスで遊説中に凶弾を浴び暗殺された、J・F・ケネディ大統領の長女、キャロライン嬢（当時五歳）である。

この二十世紀を大きく揺り動かした事件は、狙撃犯として海兵隊退役軍人の、リー・ハーベイ・オズワルドが直ぐ逮捕されたが、二日後その護送中、正義感に駆られたというジャック・ルビーなる男に、至近距離から射殺されてしまった。そしてこのルビーも、やがて謎《なぞ》の獄中死を遂げてしまう。ケネディ大統領は後方から狙撃されたとされているが、観衆の洋裁店主・ザプルスター氏撮影の8ミリ映写機では、紛れもなく前方からの狙撃が映っていたり、パレードのルートが前日、ジョンソン副大統領によって急遽《きゅうきょ》決定されたものだったり、暗殺の背後には膨大な謎がひしめいている。

事件の真相を解くためにジョンソン新大統領の諮問《しもん》で『ウォーレン委員会』が設置されるが「オズワルド単独説」が主力を占め、【事件に関する重要資料は、二〇三九年まで非公開】にされてしまった。にもかかわらず、アメリカの小学生が学ぶ『歴史教科書』では、すでにオズワルドが実行犯になっているのだ。

すなわちこれでは、《我が国の「本能寺の変《ほんのうじのへん》」とまったく同じではないか！》

織田信長《おだのぶなが》が本能寺である組織によって謀殺され、明智光秀《あけちみつひで》がその謀叛《むほん》人として冤罪《えんざい》を着せられて謀殺され、豊臣秀吉《とよとみひでよし》、徳川家康《とくがわいえやす》の天下が続き、時の為政者には都合よく真実が隠蔽されて来たのではないだろうか。

つまり秀吉は事変後の十月十五日、自らが主催した［織田信長大葬儀］の後に、御伽《おとぎ》衆《しゅう》の大村由己《おおむらゆうこ》に『惟任退治記《これとうたいじき》』を書かせて、

［光秀が本能寺で主君信長を私怨から謀叛して暗殺したが、秀吉が見事に「山崎の合戦」で光秀を討ち果たした……］という英雄伝を刷り上げて公卿衆に流布し喧伝《けんでん》したのだ。

つまりこの『惟任退治記』が、あの『ウォーレン委員会』の結審の如《ごと》く……

やがて江戸中期に至って『信長公記《しんちょうこうき》』に起因し、『川角太閤記《かわすみたいこうき》』に潤色され、『明智軍《あけちぐん》記《き》』で完成した、名作『本能寺の変』の伝承と形《かた》が出来上がるや……江戸・明治・大正、そして昭和・平成に至っては歴史教科書にも堂々と記載され、いつの間にか歴史的事実と

して定着しているのである。だが「迷作」だけに「金太郎飴」の如く、その後誰が書いても、誰が論じても、その切り口は一緒なのである。

そして近現代では明智光秀の肩を叩く『朝廷関与・イエズス会黒幕説』、『足利義昭《あしかがよしあき》黒幕説』、『斎藤利三《さいとうとしみつ》煽動説《せんどうせつ》』などのさまざまな［黒幕説］が飛び交って、［探偵ごっこ］に終始している。つまり我々は『間違いだらけの「本能寺の変」』を読まされていることになる。これらの通説や、飛び交う諸説についての数々の真相を解き明かしていくことで、真の「本能寺の変」が見えてくる。

そこで本著は、前著『本能寺の変　秀吉の陰謀』の発刊後、新たに入手した史料の分析を加えて、史料の断片的な一つ一つを徹底的に洗い直し、文庫版用に整理してみた。

それをこれから読者諸氏にお示ししていきたい。

井上慶雪

（＊本著では既存の歴史家の記述として、主に元日本歴史学会会長・高柳《たかやなぎ》光寿《みつとし》氏の著作・『明智光秀』吉川弘文館、『本能寺の変・山崎の戦』春秋社から引用させて頂く）

目次

第1章 その日、本当は何が起きていたのか

第2章 そのとき秀吉は。恐るべき本性と真相

第3章　本能寺の変の始まり

第4章 信長の亡骸の謎

第5章 光秀冤罪を物語る日記の絡繰り

第6章 くつがえる通説

第7章　明かされる秀吉の陰謀

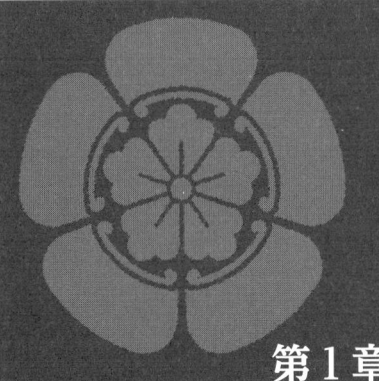

第1章

その日、本当は何が起きていたのか

Q1 信長が言ったとされる「是非に及ばず」は虚構

謀叛を知った時、信長は呻《うめ》き声のように「是非に及ばず」（仕方ない）と言ったとされる。すなわち、

「これは謀叛か！」

「はい、明智が者が」（森乱丸《もりらんまる》）〈※蘭丸は通称〉

「そうか、是非に及ばず」（信長）

という流れであって、「ええっ！ まさかあの光秀が！ なぜだ！」という驚愕《きょうがく》の響きではない。信長ほどの武将が、「そうか、光秀か、やむを得まい」とあっさりと覚悟を決めてしまった。

これは、信長が今まで何度も光秀を虐《いじ》め抜いて来たので、こうなることは当然の結果と一瞬のうちに諦《あきら》めの境地に達したのであろう……と考えられている。

そうではない。

信長は本能寺で「是非に及ばず」という言葉を発していないのである。いや、仮に発したとしても、誰も聞いていない。

これは『信長公記《しんちょうこうき》』の著者である太田牛一《おおたぎゅういち》の、あくまでも創作であり、「その時信長公は、恐らくかくありなん」という、まったくの虚構なのである。

実は元亀元年（一五七〇）、信長は朝倉義景《あさくらよしかげ》攻めの際、義弟・浅井長政《あざいながまさ》の裏切りに遭って挟み撃ちの状況下に置かれ、まさに絶体絶命、窮鼠《きゅうそ》の境地に追い込まれたが、この時に「是非に及ばず」を発しているのだ。「本能寺の変」から遡《さかのぼ》ること、十二年前である。

太田牛一も、『信長公記』巻三で次のように記している。

《信長公は越前の敦賀《つるが》に軍兵を繰り出された。（略）ついで木目《きのめ》峠を越えて若狭《わかさ》の国にどっと攻め入る手はずであったが、江北の浅井備前守《びぜんのかみ》が背いたとの知らせが、つぎつぎと信長公のもとに伝えられた。（略）寝返り説は虚説であろうと思われたのであるが、方々から「事実である」との知らせが伝えられて来るのであった。

ここに至っては「是非に及ばず」と撤退を決意された……》（榊山潤《さかきやまじゅん》訳）

太田牛一はこの時の記述に倣《なら》って、万事休する「本能寺」の極限でも、信長をして再度、「是非に及ばず」を言わしめたかったのだろう。

Q2 『信長公記』の著者、太田牛一は目撃していない

さて、前述のとおり「是非に及ばず」は太田牛一の創作に過ぎないが、ここで一番問題になるのは、「本能寺の変」当日、太田牛一はそもそも京都にはいなかったということである。ではどうしてこんな文章が書けたのか……

《信長公ははじめ弓を取って、二つ三つとりかえひきかえ、矢を放たれたが、いずれも時が経つうちに、弓の弦《つる》が切れてしまったので、その後は槍を取って戦われた。しかし御ひじに槍傷を受けて、引き退かれる。それまでおそばに女中衆が付き添い申していたが、「女たちはかまわぬ、急いで脱出せよ」と仰《おお》せられて、女たちは御殿から追い出されたのであった。

すでに御殿に火がかかり、燃えひろがって来た。最後のお姿を見せまいと思われたのであろうか、殿中深くお入りになって、中からお納戸《なんど》の戸口にカギをかけ、あわれにもご自害なさったのである》（榊山潤訳）

そこで太田牛一は、出張先の加賀《かが》の松任《まっとう》で事変を遅れて聞き、あわてふためいて京都に戻るものの、到着したのは約一週間後。本来、現場主義に徹すべきルポライターが生々しい現場を全然体験していなかったのだ。当然のことながら、最後の場で信長が何とつぶやいたか、聞けるはずがない。

失地回復を目指すルポライター・太田牛一は、遅ればせながら精力的に事変後の聞き込み調査を開始する。そして、「女共、この時まで居り候て様躰見申し候と物語り候」と書いている。

つまり、信長の本能寺入りから自害まで側近くにいたという「女共」から徹底的に取材をして確固たる事実を掌握した、と逃げを打っているのである。

そして前述の如《ごと》く、その「女共」をも『信長公記』に再現しているのだ。

では、この「女共」とは何者なのか。「本能寺の変」まで信長の身辺についていたというが、厨房の奥深くの下働きの四、五人の女ならいざ知らず、際立った「女共」はほとんど皆無だったはずである。

なぜなら四十九歳の信長の身辺の世話は、お気に入りの小姓たちで事足りるし、一年ぶりの上洛（天正九年［一五八一］二月以来）も、今回は中国攻めの先立ちであり、なおかつ島井宗室《しまいそうしつ》との「本能寺茶会」が何より優先すべき事柄だったからである。
実際、信長最後の夜となる六月一日は雨もあがり、警護担当の嫡子信忠《のぶただ》が近くの妙覚《みょうかく》寺《じ》から訪れて打ち合わせをし、本因坊《ほんいんぼう》と碁に興じ、早朝からの「朝茶会」で疲れたせいか早めに床に就いていた。

何よりも決定的なことは、『信長公記』が成立して世に出たのは慶長十五年（一六一〇）二月、池田輝政《いけだてるまさ》に贈ったのが最初という事実である。「本能寺の変」から二十八年後、徳川家康の死の六年前である。しかも、現存する『信長公記』は三冊だが、当時は印刷技術などなくすべてが写本だったから、最終的には何冊あったのか、はたまた誰が読んだのかもわからない。

そう考えてくると、「是非に及ばず」という名台詞《めいせりふ》はいつごろから人口に膾炙《かいしゃ》されるようになったのだろう。意外に近年になってからのことかもしれないのだ。

Q3　「槍を振りかざして奮戦する信長」も虚構だった

『本能寺と信長』（思文閣出版）の著者・藤井学《ふじいまなぶ》氏は、

《(本能寺は) 北は六角、南は四条坊門、東は西洞院《にしのとういん》、西は油小路《あぶらこうじ》によって区切られ、周囲をぐるっと廻ると、四町(約四四〇メートル)の長さがある寺地だった》と記述し、かつこの一隅の居館を「御成御殿《おなりごてん》」と呼んでおり、本能寺の堂宇《どうう》とは一線を画している。

またつい最近、旧・本能寺跡の一部の発掘調査も進み、今谷明《いまたにあきら》・国際日本文化研究センター名誉教授は、

《織田信長が宿泊していたのは寺の建物ではなく、ごく小規模な専用御殿であり、「建物は最大四十メートル四方クラス」と判断した。予想外に簡素だった理由については、「大坂本願寺に移る予定だった」と推定。テレビドラマで繰り返し放送される大きな本堂前で奮戦する信長は、虚像の可能性が高くなった》(「京都新聞」載)

そうすると、信長が白綸子《りんず》の寝巻スタイルで弓を射ったり、槍を振りかざして奮戦したりといったあのお馴染《なじ》みの名場面も、ルポライター・太田牛一が描写する単なる虚像に過ぎなかったということになる。

というわけで、歴史事象を固定観念で捉《とら》え、簡単に鵜呑《うの》みにしてはいけない。

『信長公記』をたった数ページ読んだだけで、これだけの「歴史認識における固定観念」が出てくるのだ。『信長公記』は史料性が高いと言われてきた。だが私は、その虚構を指摘したように、「常識」は常に覆《くつがえ》される運命にあるのだ。

Q4 信長は本能寺に、たった二回しか宿泊していない！

さて信長が上洛した折には、必ず「本能寺泊」と決めつけられる方々が多いと思われるが……実は信長の約四十九回の上洛中、天正年間の「本能寺泊」はたったの二回（厳密には十一年前の元亀元年〔一五七〇〕八月と九月の二回があるが、これは問題外）。

すなわち、この二回が信長最後の上洛になる天正十年五月二十九日と、一年前の天正九年三月二十日。その前はというと通常は「妙覚寺泊」の約二十回、誠仁《さねひと》親王に献上する前の「二条御所（二条御新造）泊」が十四回、「相国寺泊《しょうこくじ》」が六回という状況である。

だから「本能寺泊」は、前述の今谷明説の大坂本願寺を見据えた「ごく小規模な専用御殿」となるのだ。

ところが、信長が上洛すれば必ず「本能寺泊」という固定観念があるせいか、本能寺に深い濠を掘らせたり、土塀を高く積み上げてすっかり城塞化させてしまう。

たとえば、《吾敵は正に本能寺に在り……》と、人口に膾炙した、頼山陽《らいさんよう》の名吟《めいぎん》の冒頭は、何と《本能寺、濠は幾尺ぞ。吾が大事を就《な》すは今夕《こんせき》に在り……》から始まるのだ。

また本能寺の地下に火薬庫を設《しつら》えたとして、津本陽《つもとよう》氏の『覇王の夢』では本能寺爆発説を採っており、やがて信長の躰は天空に舞いあがり……だから信長の遺骸が見つからなかったわけであり……さらに加藤廣《かとうひろし》氏の『信長の棺』では、本能寺から約百メートル先の南蛮寺《なんばんじ》まで隧道《すいどう》（トンネル）が掘ってあり、信長が脱出を図った……という奇想天外なストーリーになっている。

これが本所松坂町の［吉良《きら》邸］であれば……赤穂《あこう》浪士の不穏な情報が取り沙汰されていた折柄、いざ討ち入りに備えて寝所の床の間の掛け軸の裏から、炭小屋に通ずる隠し通路を設えたりすることはあり得ただろうが……実際、吉良上野介《こうずけのすけ》は、炭小屋に隠れていた設定になっていたのだ。

さてこの信長の［本能寺泊］も、かつての定宿［妙覚寺］にはすでに警護担当の嫡子信忠隊（約百五十人）が詰めており、たまたま昨年同様に本能寺に泊まっただけで……事と次第によっては、「妙覚寺の変」として歴史に残る可能性もまったくなかったわけではない。

Q5　明智軍「一万三千の兵」であるはずがない

「本能寺の変」の謎の一つは、「明智軍一万三千の兵」である。

この軍勢で六月一日夕刻に亀山《かめやま》城を発ち京に向かって行軍をし、二日早暁《そうぎょう》、本能寺を取り囲み信長を討ったと、通説では書き立てている。

だが光秀には本来、一万三千の兵があるわけがないのだ。

江戸時代の記録（浅野家史料）で江州坂本《ごうしゅうさかもと》二十一万石、亀山五万石、福知山《ふくちやま》三万石で、兵力に換算すると光秀の直領は六千人弱。しかも各地歴戦で消耗しているから正味五千人程度だったはずである。

「一万三千の兵」といえば少なくとも五十万石クラスの軍勢であり、五万石の亀山城から十倍もの大軍勢が出立できるわけがないのである。

ではなぜ「一万三千の兵」になったのか。

虱潰《しらみつぶ》しに史料を漁《あさ》ってみたところ、俗書として名高い『川角太閤記《かわすみたいこうき》』にのみ、この「一万三千の兵」が載っていた。歴史家・作家の諸氏は知ってか知らずかこれに倣《なら》っていたのである。

同書では、光秀が亀山を出立して、《さっそく亀山の東の紫《むらさき》野《の》へ出られたときは、早くも午後六時になっておりました。（日向守《ひゅうがのかみ》）自らも馬を乗りまわして軍勢を三段に備え、『この人数はどれくらいおるだろうか』と、斎藤内蔵助《くらのすけ》にお聞きになったので、『内々御人数ですが、一万三千はございますと見ております』とお答え申し上げたということです》（志村有弘《しむらくにひろ》訳）と、ここで「一万三千の兵」が出て来るのだ。

それがいつしか「明智軍一万三千の兵」と定着したのだろう。しかも一軍の大将たる者が、すでに亀山から京に向かって進軍している最中に、急に思い立って自軍の軍勢の数を改まって聞き直す能天気ぶりである。

加えるにかつての歴史界重鎮（元日本歴史学会会長）・高柳光寿氏までもが、《光秀は一万三千の兵を三段に備えて、亀山（亀岡市）から京都に向かって、夜中を前進していたが、沓掛《くつかけ》の在所で休息を命じて兵糧を取らせ……》（『本能寺の変・山崎の戦』）

と、「一万三千の兵」はおろか、「三段に備えて」までも踏襲《とうしゅう》している次第である。

また誰しもが「一万三千の兵」といとも簡単に言うが、一万三千人がはたしてどれほどの規模なのか、実感を伴って述べる人はほとんどいない。

たとえば東京ドームでの伝統の巨人・阪神戦。入場者数は立錐《りっすい》の余地もない超満員で四万六千七百八十三人である。外野スタンドは六千席、そして立ち見の観客を併《あわ》せると観客数は六千五百人強となる。これだけの観衆を、さらに倍したものと想像してほしい。「一万三千の兵」とはかくも厖大《ぼうだい》なグロスとなるのだ。

ところが「本能寺の変」を扱ったほとんどの歴史家・作家諸氏が、何の疑いもなく「一万三千の兵」を採用している。

さらに言えば、同書は元和八年（一六二二）に初めて世に出たものだから、世に普及したのは明治に入ってからであろうとも思われるのだ。

Ｑ６　亀山からの「一万三千の兵」で夜間行軍は不可能

さらに大雨後の昼なお暗い丹波街道を、一万三千の大軍で夜中行軍。しかも山頂に近い道だから、おそらく人二人が並んでやっと通れるほどの幅だったはずである。士卒はなんとか我慢して行軍するだろうが、三百頭近い騎馬団の深夜、しかも大陰暦一日の、まったく月明かりのない闇夜の山越えは、とうてい無理である。馬は臆病《おくびょう》で気が荒く、まして去勢していない発情期に当たる馬の扱いは手に負えない。

また、沓掛で行列順に休息をとり、夜食を喰べたのだろうが、作家の八切止夫《やぎりとめお》氏の考証によれば、

《一万三千の軍勢がはいそうですかと急に出発することはできない。万余の軍勢を動かすにはそれなりの準備がいる。この一万三千は喰わせねばならない。仮に夕食一回、夜食一回、朝食一回、一人一回二合として七十八石、丹波米で三斗が一俵、合計で二八〇俵の米を炊きだして握飯にして喰わせたり持たせたりしなければ、これだけの人は動かせない……》（『信長殺し、光秀ではない』（作品社））としている。

食糧だけではない。出陣に必要な鉄砲の火薬の配分はどうするのか。

火薬は湿気《しけ》ないように一括して保管されているから、それを一発ずつの少量の紙薬莢《やつきよう》に分配して持たせなければならない。鉄砲隊の人数がたとえ少なくても、これは大変な作業なのである。

したがって、

《六月一日、夜に入って、丹波亀山において惟任《これとう》日向守光秀は信長公への謀反を企て、明智佐馬助《さまのすけ》（秀満）・明智次右衛門《じえもん》・藤田伝五《ふじたでんご》・斎藤内蔵助（利三）らと相談して「信長を討ち果たして、天下の主となろう」と謀を企てた》（『信長公記』榊山潤訳）などと、咄嗟《とつさ》の機会を捉えただけで決行できるものではない。

つまり実証史学で結論づければ、

・明智光秀には「一万三千の兵」があり得ないこと。

・仮にあり得たとしても、亀山から京までの夜中行軍は不可能であること。

と断言する。不可能なことは、あくまでも不可能なのだ。

☆

（参考）

◇明智光秀率いる［近畿《きんき》管領軍《かんれいぐん》］（約二万七千〜三万兵）

（寄親《よりおや》）
明智光秀（約六千兵）

（寄騎《よりき》）①丹後衆　細川藤孝《ほそかわふじたか》　倅・忠興《ただおき》（約五千兵）
（〃）②大和衆　筒井順慶《つついじゅんけい》（約五千兵）
（〃）③摂津衆　中川清秀《なかがわきよひで》　高山右近《たかやまうこん》（約六千兵）
（〃）④兵庫衆　池田恒興《いけだつねおき》　倅・元助《もとすけ》（約五千兵）

◇織田信長軍団・方面軍司令官の配属割（天正十年六月一日現在）
・関東方面軍＝滝川一益《たきがわかずます》　上州厩橋《うまやばし》駐在
・北陸方面軍＝柴田勝家《しばたかついえ》　富山市魚津《うおづ》で交戦中
・中国方面軍＝羽柴《はしば》秀吉　備中高松で包囲交戦中
・四国方面軍＝丹羽長秀《にわながひで》・織田信孝《のぶたか》　住吉浦で出艦予定中
・近畿管領軍＝明智光秀　中国遠征の準備中
☆

Q7　だが明智軍は、すでに中国攻めに先発していた！

光秀謀叛のひとつに、「徳川家康饗応《きょうおう》役を罷免《ひめん》され、羽柴秀吉の下《もと》で加勢せよ！」が大きくクローズアップされてくる。格下の秀吉の下で参戦する屈辱的な信長の仕打ちである。

『広辞苑』（第六版）もかく定義づけている。

《一五八二年（天正一〇）織田信長が備中高松城包囲中の羽柴（豊臣）秀吉を救援しようとして本能寺に宿泊した時、先発させた明智光秀が叛逆して丹波亀山城から引き返し、信長を襲って自刃させた事変》（傍点引用者）

さて高柳光寿氏は、

《……六月一日（新暦六月三十日）、光秀は夜に入って午後十時に軍を発した。そして亀山から老ノ坂（山崎・丹波の国境、京都府）にかかった。順路を取るならば、亀山から中国へ出るには三草《みくさ》越をすべきはずである。ところが光秀は三草越をしないで老ノ坂まで来ると、ここを左に下り、馬首を東に向けて桂川を渡った。老ノ坂から右に下れば、山崎・

天神馬場（大阪府高槻市の東北部）に出て、摂津へ行く道である。すなわち光秀はここに至って反逆を実行に移したのである》（『本能寺の変・山崎の戦』）

老ノ坂から西へ向かえば信長の命令通り備中への道であるが、光秀はここで馬の鞭《むち》を揚げて東（京都）を指して、

《吾敵は正に本能寺に在り！》と、采配《さいはい》を京に向かって力強く打ち振る……あのテレビドラマの極め付き定番の形《かた》となったのである。

まさに『広辞苑』の言う、［引き返すべき道ではない道を］突き進んだのである。

だがこれはすこぶるお怪《か》しい……否、百歩譲って、高柳説を受け容れるとしても、高柳氏が三草越のルートを設定すること自体がお怪《か》しいのだ。

つまり亀山からの三草越とは、能勢《のせ》の妙見《みようけん》さんの方へ出ることになるが……大雨後の険しい山道の連続で、大軍（しかも兵馬）の行軍には余程のことがない限り無謀なルートであり、仮に明智軍の先発が事実であったとしても、三草越えの選択肢はなかったことになるのだ。とうてい一万三千の兵が行軍できる道ではなかったのである。

さて史実をつぶさに見れば明智軍には、決して羽柴軍を加勢すべき先発はあり得ない。その根拠だが『多聞院日記《たもんいんにっき》』（註一）によれば、光秀軍寄騎の筒井順慶は信長から命じられて六月二日、大和郡山《こおりやま》から京に向かっていたのだ（途上、本能寺の事変を知ってか一旦大和郡山に帰還するのだが……）。

すでに明智光秀軍（約六千兵）は京都周辺に集結しており、その筒井順慶軍を迎え……六月四日頃信長は、光秀率いる近畿管領軍を従え、向日《むこう》から長岡を経て西宮に出る西国街道を辿《たど》るのが、大軍の移動・補給を勘案すれば最適の道筋であり……高槻《たかつき》辺りで中川清秀・高山右近・池田恒興の軍勢を吸収し（細川藤孝軍も追っ付け合流し）、西宮から明石《あかし》方面に出るルートが万余の軍勢を率いる常道なのである。

つまり信長ともあろう者が、近畿管領軍の寄親である明智光秀軍だけをバラバラに先発させること自体が、あり得ないことなのである。

六月一日午後、約四十名の公卿衆が雨の中、信長上洛表敬訪問の名目で拝謁しており、

・「今度《こたび》、関東討ちはたし候物語ども申され候……」と、この年三月の武田勝頼《たけだかつより》討伐の軍

功を、信長は自慢げに上機嫌で公卿衆に語っている。

・この度の中国遠征は、「西国の手づかい（毛利《もうり》との合戦）、四日出陣すべく候。手立て、雑作あるまじき事」とも公言している……等々を公卿の勧修寺晴豊《かじゅうじはれとよ》が日記に記しているが、その六月四日の京都出立も、妙覚寺に詰めていた嫡子信忠の警護兵百五十～五百兵ぐらいの陣立では如何《いかん》ともしがたく、やはり近畿管領軍を従えての出陣を予定していたのである。

また信長を戴《いただ》く近畿管領軍は、中国攻めの後（毛利軍討伐後）九州制覇にも遠征する予定があり、明智光秀はあくまでも羽柴秀吉より格が上、上司となるのであるから、通説通りとしても決して光秀謀叛の一要因にはなり得ないのだ。

（＊〔註一〕『多聞院日記』＝奈良・興福寺の僧・長実房英俊の日記。〔六月二日の項〕箇条書きで、京に向かった筒井順慶は途上、信長が急遽安土《あづち》城に帰城したのを知って軍を還《かえ》したとあるが……また英俊は本能寺の凶変も同時に記しているから、信長は帰城しておらず、京都―奈良の距離間の故か偽情報の交錯も甚だしく、私は本説を採りたい）

Q8　初めに「光秀の謀叛ありき」から出発している

つまり綿々と四百三十三年間も定着している「本能寺の変」とは、太陽が東から昇るがごとく、「初めに光秀の謀叛ありき」から出発している事変なのだ。

だが私は、こうした「定着した解釈」を本書でことごとく覆《くつがえ》すつもりである。

ここではっきりと明言させて頂くが、明智光秀は冤罪《えんざい》である。

だからといって、最近主流となっている説、すなわち「信長を亡き者にしようとしていた「黒幕」が光秀の葛藤に目を付けて肩を叩く」説に与《くみ》するものではない。

余談ながらこの黒幕説に関しては、「朝廷黒幕説」「足利義昭黒幕説」「イエズス会黒幕説」、さらに「斎藤利三煽動説」「徳川家康黒幕説」まで、さまざまな揣摩《しま》臆測《おくそく》が飛び交っているようだ。

かつて、NHK「その時歴史が動いた」で、進行役のキャスターはこう発言した。

《実行犯が明智光秀であることだけははっきりしているのですが、それでは一体誰がその肩を叩いたのか……》

当時NHKは、三重大学教授・藤田達生《ふじたたつお》氏が主唱する「足利義昭黒幕説」を遵守し、二回にわたって放映していた。

だが本書では、このような黒幕の存在も否定する。

黒幕の指示で光秀が行ったわけではない。実行犯が別にいる。端的に申すならば、羽柴（豊臣）秀吉が組織した明智軍を名乗る擬装軍団が、織田信長父子を弑逆《しいぎゃく》したのである。

すなわち、本書で私が述べたいのは次の二点である。

・「本能寺の変」において、光秀は完全な冤罪。
・実際はすべてを秀吉が仕組んだことであり、実行犯は秀吉が組織した軍団。

このように言い切ってしまうと「まさか」「あまりにも常識と違いすぎる」「そんな荒唐《こうとう》無稽《むけい》な史論が通用するわけがない」といった反論を抱かれる読者氏が出て来ると思う。

しかし、歴史事象を固定観念で捉え、いとも簡単に鵜呑《うの》みにしてはいけない。「歴史認識における固定観念」に囚《とら》われてはいけない。

歴史は時代とともにその見方、解釈が変わって来るものだと述べた。散在する重要なジグソーパズルのピースの断片を、実証史学というスケーリングに通して虚心に組み合わせていくと、そこには自《おの》ずと「本能寺の変」の真実の構図が、徐々に浮かび上がってくるのだ。

私は本書の著者略歴でも、これまでの執筆著書名を明らかにした。

また平成二十五年九月二十五日、BS-TBS『ライバルたちの光芒《こうぼう》』・「豊臣秀吉vs明智光秀」というテレビ番組にも出演して、光秀の専任弁護士を担当し、俳優の高橋英樹《たかはしひでき》・軍《いくさ》奉行の司会の下、「秀吉の陰謀」を獅子吼《ししく》しているのである(秀吉方の専任弁護士は、作家の加来耕三《かくこうぞう》氏であった)。

とにかく私は、『間違いだらけの本能寺の変』の絡繰《からくり》を逐次解明していきたい。

Q9　光秀が信長を斃《たお》しただけで、決して天下は取れない!

よく明智光秀を、「三日天下の妄挙《ぼうきょ》」と謗《そし》る人達がいるが、かえって彼等は歴史的なトリックに引っかかっていると言えよう。

第一、光秀を取り巻く環境はそんなに生易《なまやさ》しいものではない。

この時点で信長の遺子、織田信雄《のぶかつ》・信孝兄弟も健在であり、しかも四隊の［方面軍司令官］の壁も大きく立ちはだかっているのだ（［Q6参照］）。

周到緻密《しゅうとうちみつ》な陰謀を企んだ秀吉でさえ、「山崎の合戦」で光秀を討っただけではない。［清洲会議《きよすかいぎ》］を仕切ったり、織田信雄・信孝兄弟を争わせたり、「賤ヶ岳《しずがだけ》の合戦」で柴田勝家を謀略で破ったりしながら、天正十三年、やっと関白になっているのだ。

だから光秀と秀吉が戦った「山崎の合戦」を、［天下分け目の天王山決戦！］と通史では喧伝《けんでん》するが、まだこの時点で光秀も秀吉も、「天下取り」に王手をかけて争っていたわけでは決してなかったのである。

つまり歴史家の高柳光寿氏がその主著『明智光秀』（吉川弘文館）で、

《信長は天下が欲しかった。秀吉も天下が欲しかった。光秀も天下が欲しかったのである》

と書き立ててから、俄《にわ》かに「天下待望論」が顕在化《けんざいか》してしまったのである。

だがこれは、いささかお怪《か》しい。

光秀を取り巻く環境は、そんなに生易しいものではなく、ましてそんな環境も持ち合わせているはずがないからある。

そこでこの『間違いだらけの本能寺の変』の、原点に立ち還ってみたい。

つまり「本能寺の変」とは一体何であったのかを改めて顧《かえり》みると……もちろん明智光秀が、本能寺に宿泊していた主君の織田信長を突如襲って、これを弑逆してしまった事変ということになるのだ。

ただ問題がそう簡単でないのは……この光秀には事変遂行に対する［理由］もなく、また［計画］も［準備］もなく、さらに［対策］もなかったのだ。すなわち俗にいう［根回し］や［裏工作］に類することが、一切見受けられなかったことである。

また事変はそのすべてが光秀一人で、しかも偶然としか思えない信長の上洛を捉えて、突然、一万三千の兵を動かして実行に移り、そして成功した……という、誠に以《もっ》て［非現実］極まりない事変だったのだ。


ところがどうしても、「初めに光秀の謀叛ありき」の通説から論を発しなければならないので……光秀の謀叛の動機やその原因について、今まで数多くの諸説が取り上げられて今日に至るのであるが……とにかく「本能寺の変」の勃発から光秀の死があまりにも唐突であり、かつ急だったので同時代の人々さえ、その状況を的確に把握することが大変難しかったのではなかろうか。

そこでまた高柳光寿氏は、

《光秀は、何故信長に謀叛したのか……光秀は、信長の恩義に感謝こそすれ、信長に叛いてこれを弑逆するなどと言う事は、普通では考えられない事。そこで後世、光秀を論じる人々が、その発見に苦しんだらしい。この事がいろいろと揣摩臆説を生む原因に至ったのである……》と、宣《のたま》うのであるが、何故かこのフレーズのみ正鵠を得ている。

そしてその揣摩臆説の最《さい》たる一例として、かの『川角太閤記』の一番の聞かせ処《どころ》……

《(いよいよ謀叛の件《くだり》で、重臣を集めて) さて、我が身三千石の時、俄かに廿五万石を頂いたが、家臣をあまり持ち合わせず、止むを得ず他家からスカウトしたところ、岐阜においていて三月三日の節句に、大名・高家《こうけ》の居並ぶ前で叱られ、その後は信濃国の上諏訪《かみすわ》でも御《ご》折檻《せっかん》。またこの度の家康卿御上洛では、安土で御宿をいいつかって御泊めしたところ、御馳走の次第がどうも手を抜いて油断しているようだと、御叱りを受け、俄かに西国出陣を仰せ付けられた……だが (御折檻の) わざわいが転じて福となすで、老後の想い出に、せめて一夜でもよいから天下人《てんかびと》に成ってみたいと、光秀この程（謀叛を）決意した次第である……》と、涙ながら語る光秀の決意を聞いて重臣一同奮い立ち、
《これは御目出度き限り、明日よりは天下様（上様）と仰ぎ奉りましょう……》と相なるのであるが……とにかく、この手の揣摩臆説があまりにも多過ぎて、「本能寺の変」の真実もついつい脱線してしまい、いつの間にか伝承の森に迷い込んでしまうのである。

Q10　当時の戦国大名は、決して天下を狙《ねら》わない！

若きアスリート達が、《来るべき『東京オリンピック』の金メダルを目指して、一生懸命トレーニングに励みます！》と目を輝かせる……

この「一生懸命」は「一所懸命」の転と『広辞苑』にはある。すなわち「賜った一ヵ所の領地を生命《いのち》にかけて生活の頼みとすること。またその領地」。生命を懸けて守る。一つのことを生命懸けでやること。生活の頼みとして大切にする知行所《ちぎょうしょ》。一所懸命の地となるわけである。

つまり武家社会は、主君から賜った、もしくは先代から受け継いだ領地を生命懸けで守

る「分権領土体制」、もしくは「分権国家体制」を採っていたわけである。

だから信長以前には「天下取り」（天下統一）という観念はあり得なかったわけで、足利将軍家（征夷大将軍）を推戴《すいたい》しての「分権国家体制」の継承であり、また実際に数カ国を経営する武将（大名）でも、まず己が地域社会（分権国家）の安定化が優先されたわけである。

たとえば今川義元《いまがわよしもと》が、天下取りのために己の旗を京に打ち立てんとした上洛の戦いで織田信長の奇襲を受け、「桶狭間《おけはざま》」で儚《はかな》く散ったことになっているが、たかだか二〜三万の兵を率いて上洛しても、天下は到底望めるわけとてなく、この今川義元の上洛も最近ではかなり疑問視されている。むしろ義元は、十三代将軍足利義輝《よしてる》と親族関係であり、弱体化した足利幕府の体制を強固なものに梃入《てこい》れするための遠征の第一歩、という意図があったのであろう。

また武田信玄《しんげん》も天正元年（一五七三）、足利義昭の執拗《しつよう》な「信長包囲作戦」の下知《げち》で上洛の途《と》に就いたが、これとて京に己の旗を立てて天下取りを意図したものではなく、信玄の雄図もむなしく進撃中の陣中で病に斃《たお》れ不帰の人となってしまう。信長はこの上もない命拾いをしたことになるのだ。

さらに弘治三年（一五五七）六十一歳を迎えて毛利元就《もとなり》は、嫡男隆元《たかもと》・次男吉川元春《きつかわもとはる》・三男小早川隆景《こばやかわたかかげ》に全十四カ条からなる遺訓を与えた。就中《なかんずく》、《第一条　毛利と申す名字の儀、涯分《がいぶん》末代までもすたり候はぬように》から始まり……［毛利という二字を末代まで安堵《あんど》せよ］［決して天下を望まず］［三人が力をあわせれば何の仔細《しさい》もない］等々をこんこんと説くのである。

すなわちこれこそ、［一所懸命］の概念の遵守に他ならないのである。

つまり「天下取り」（天下統一）という概念は、当時の戦国大名の誰しもが持っていた夢ではなく、足利将軍を推戴しての、まずは自国の勢力圏の安泰こそが至上課題だったのだ。

ただ強《し》いていえば天下を狙《ねら》った武将として、越後の上杉謙信《うえすぎけんしん》が挙げられよう……天正五年（一五七七）、足利義昭・毛利輝元《てるもと》・石山本願寺と結んで織田信長を猛追し、［加賀手取《てどり》川《がわ》の戦い］で織田軍を大破して破竹の勢いを示したが……翌天正六年、天下を希《のぞ》む最後の出陣予定を三月十五日に控えたその十三日に謙信は突如病に斃《たお》れ、武田信玄同様、信長はまたも二度目の命拾いをしたのである。

したがって織田信長が唯一、初めて「天下布武《てんかふぶ》」（武力による天下統一）の概念を打ち立てたのだが、それはおのずからその次元（環境）が異なって来ることになるのである。

一方明智光秀はといえば、到底そんな特殊環境を持ち合わせていない。「通説」にせよ、また私の「明智光秀冤罪論」にせよ、光秀は「山崎の合戦」前日に、紀州雑賀《さいか》衆・土橋《つちはし》平尉《へいのじょう》（重治《しげはる》）宛ての書状で、「足利義昭・上洛を歓迎する旨」を伝えている。また、万策尽きた光秀が「本能寺の変」と何ら関わりのなかった義昭を迎えることに踏み切ったことでもわかるように、光秀勝利の暁《あかつき》には体制を旧に復したことであろう。

すなわち足利義昭を奉戴した旧体制の「分権国家体制」に逆戻りすることになったのではないだろうか。

これに対して高柳光寿氏が「秀吉も天下が欲しかった」というが、秀吉の「天下盗り」は、また次元が大きく異なるのである。秀吉の「天下盗り」は、天下統一を果たしつつあった信長を陰謀で弑逆し、信長の敷いた路線を奪い取って天下を「盗《と》る」ことを言うのだ。

また光秀の方は「天下取り」ではなく……わけのわからないうちに事変に巻き込まれ、

まずは国家体制を安寧《あんねい》な状態に復してから信長の遺子（信雄や信孝）らと行政を立て直していく道を選んでいたのではないだろうか。

かくして、信長が苦労に苦労を重ねて切り拓き、やっと前方に曙光《しょこう》が見え始めた矢先、その「獅子身中《ししんちゅう》の虫《むし》」たる秀吉の陰謀によって、天下は掠《かす》め取られてしまったのである。

そこでいよいよ「秀吉の陰謀」を詳《つまび》らかにしていきたい。

第2章

そのとき秀吉は。
恐るべき本性と真相

Q11 底辺から這い上がってきた強《したた》か者・豊臣秀吉

貧しい農民の子から身を起こし、幾多の艱難辛苦《かんなんしんく》に立ち向かいつつも、持ち前の不撓不屈《ふとうふくつ》の精神力と、天性の優れた知力（悪知恵）を発揮して信長の重臣にまで這《は》い上がった秀吉……その天真爛漫な笑顔の下に隠されていた仮面の裏の真の貌《かお》とは、いったいどんなものだったのであろうか。

すなわち「秀吉の陰謀」を考えるにあたって、木下藤吉郎《きのしたとうきちろう》の出生の経緯……秀吉のハングリー精神と非情さを形成したその生い立ちの仮面を剝《は》ぎ取ってみたい。

『太閤素性記《たいこうすじょうき》』では、秀吉は織田信秀《のぶひで》の足軽だった木下弥右衛門《やえもん》と仲《なか》との子とされているが、これは真っ赤な偽りである。

また秀吉は、苗字を持たない貧しい百姓の出身だったともいわれているが、中世・近世の「穢多《えた》」という下層階級の出身ではなかったかとも思われる。

秀吉の母（後の大政所《おおまんどころ》）仲は、美濃《みの》の鍛冶師《かじし》・関兼定《せきかねさだ》の娘とか、尾張国御器所村《ごきそむら》出身で盆や椀などを造っていた山の民・木地師《きじし》の娘だったともいわれているが、とにかく秀吉は当時の賤民《せんみん》身分の出生であって、少年時代から「ワタリ」と呼ばれる技術者集団や、蜂《はち》須賀小六《すかころく》（正勝《まさかつ》）らの野武士集団である美濃国堺《さかい》の「川並衆」に関わって成長したらしい。

すなわち律令制下の「奴婢《ぬひ》」に近い下層民で、秀吉はこれ以下はないという底辺から這い上がって来た、ハングリー精神の横溢《おういつ》な強《したた》か者だったのである。

また秀吉は常々、《自分には父がいない》といっていたが……父親と名乗るには足りない賤《いや》しい身分の男だったのか……はたまた完全な父無児《てなしご》、つまりどこの誰やらもわからないうちに母・仲が身籠《みご》もって、父の顔すら知らなかったのか……

だから後年、関白となった秀吉の非情さが、『河原ノ者・非人・秀吉』（服部英雄《はっとりひでお》著）で記されている。すなわち、

《秀吉には、弟・秀長《ひでなが》や姉（秀次《ひでつぐ》の母）や妹（旭姫《あさひ》）以外にも、弟妹がいたが、名乗り出た彼らの首は、冷酷で残忍にも斬られた。すでに関白に成り上がった自分の出生の賤しさと、母の（男関係の）恥部を消すために犠牲になった》

という、非常に冷酷な性格を持った男でもあったのだ。

また「ワタリ」とは、仕事を求めて渡り歩く漂泊の技術者集団のことで、鍛冶師、鋳物師、木地師、金掘りなどを生業《なりわい》とした。当時から秀吉はこういったネットワークを通じて、いろいろな情報を持っていたわけだ。だからこれらの狭間《はざま》にあって、あたら特異な才能を埋没《まいぼつ》させてしまうような秀吉ではなかったのである。

Q12 秀吉の右手は、六本指だった！

一方、藤吉郎時代の［針売り伝説］も事実だったらしく……《皮付きの栗を取り出して、口にて皮を剝《む》き喰べる猿芸》を得意とし、しかも生来藤吉郎の右手は六本指で、その異形《いぎょう》な六本指での大道芸も大いに受けて、多量の針を売り捌《さば》く生活も可能だったのであろう。

この秀吉の六本指の件《くだり》だが……［先天性多指症《たししょう》］で、

《太閤様は右之手おやゆび一ッ多、六御座候、然時蒲生飛騨守殿・肥前様・金森法印御三人しゅらく（聚楽）にて大納言様へ御出入ませす御居間のそは四畳半敷御かこいにて夜半迄御咄候、其時上様ほとの御人成か御若キ時六ッゆひを御きりすて候ハん事にて候ヲ、左《さ》なく事ニ候、信長公太こう様ヲ異名に六ッめか、なと、、御意候由御物語共候、色々御物語然之事》（前田利家《まえだとしいえ》『国祖遺言』）とある。

すなわち秀吉の右手の親指が二本有ったらしく、通常は若年のうちに指を切り落とすのであるが、秀吉は生涯指を切り落とさず……信長から「六ッめ」と呼ばれていたと伝えられていたのである。

またこの［六本の指］に関して、フロイスの『日本史』第十六章にも、《彼は身長が低く、また醜悪な容貌の持ち主で、片手には六本の指があった。眼が飛び出しており、シナ人のように鬚《ひげ》が少なかった》とある。

さらに渡邊大門《わたなべだいもん》氏は『秀吉の出自と出世伝説』（洋泉社）で、［朝鮮にも伝わった六本指］として、「文禄・慶長の役」によって日本に連行された姜沆《きょうこう》の著書『看羊録《かんようろく》』にも、記載があったことを挙げている。

そこで藤吉郎が路上で最初に仕官する松下加兵衛《まつしたかへえ》に拾われる件《くだり》を『太閤素性記』では、《加兵衛が久能《くのう》から浜松に行く途中で猿を見つけたという。異形《いぎょう》の者で、猿かと思えば人に見えるし、人かと思えば猿に見える。どの国から来た何者かと尋ねると、猿は尾張から来たという。また加兵衛は、幼少の者が遠路をどのような用事で来たのか尋ねると、奉公衆を望んできたといった。加兵衛は笑いながら私に奉公するかと尋ねると、了解したと述べた》

かくして藤吉郎はそのまま遠州浜松城に連れて行かれ、加兵衛の主である飯尾豊前《いいおぶぜん》の前やその娘達の前で、その六本指を使った大道芸を披露したとも伝えられている。

Q13 能力至上主義の信長だからこそ、秀吉が主君に選んだのだ

やがて武士を志し、一国一城の主《あるじ》となる夢を持った秀吉は、前述の今川義元の家臣で遠州浜松の頭陀寺《ずだじ》城主・松下加兵衛の許に武家奉公をするのだが、門閥《もんばつ》もなく素性の賤しい身としては、しょせん、うだつが上がるものではなく悲惨な思いをしたのであろう。

そこを飛び出した秀吉は、つらつら考えを練らざるを得ない。自分みたいな門閥に一切無縁で賤民《せんみん》出自の者にとっては、足軽から努力次第で侍大将ぐらいまでならなれようものの、その先はお先真っ暗である。

かくしてやっと、織田信長なる武将を捜し出したのだ。

天下に武将はあまたいるが、織田信長という門閥主義に一切囚われず、能力至上主義のこの御大将の許ならば、努力次第では俺の能力を高く買ってくれるだろう……とにかくこやつに俺の一国一城の夢、いや、天下盗りの夢を託して、こやつの獅子身中の虫、いやこやつの寄生虫になってやろうとの野望を抱いて、信長の足軽になったのである。

秀吉にとっては、信長に仕官する時点で天下盗りの野望も視野に入れていたのであろう。木下藤吉郎こと秀吉の出自、置かれた環境、経歴を検証すると、こう断定せざるを得ない。

つまり、信長に「猿！　猿！」と酷使されるものの、それを見込んで足軽に出仕した秀吉は、それこそ一所懸命（「信長懸命」）、ただ信長に認められんがため必死に信長に仕えて、ひたむきに機会を窺《うかが》う。

そして信長の美濃攻めの時、重臣・佐久間信盛《さくまのぶもり》、柴田勝家の猛将たちが築城に失敗した「墨俣《すのまた》の一夜城」を、得意の「川並衆」の野武士集団や、「ワタリ」の技術者集団のネットワークを駆使してものの見事に成功させ、その恐るべき技術力を信長にまざまざと認めさせたのも、ほんの一例である。

一方、信長の思考力も極めて合理的で能力至上主義一辺倒であった。

つまり信長は、武将の個々のキャラクターを一つの機能として見做《みな》していた。信長の意志に即した判断力と実行力さえあればそれで十分だし、その出自・門閥など一切問わない。また性格や前歴に多少の問題があったとしても、今、信長の意志に基づいて、一所懸命に働いてくれる臣下であればこよなく重用する。

すなわち、秀吉は信長にしか仕えられなかったし、信長だからこそ秀吉を使ったのだ。だから裏を返せば、信長が秀吉を選んだのではなく、秀吉が信長を選んだのである。

さて私は、秀吉がその［天下盗り］のために信長の［獅子身中の虫］、否、［寄生虫］たらんとしたことを前述したが……この寄生虫とは他の生物に寄生し、その生物から養分を吸収して成長する虫のことであるが……またある種の寄生虫は、その対象の生物の中に卵として産み込まれ、やがて孵化《ふか》するとその生物の中にあって、当初はその生存に差し支えない部分から喰べ始め、心臓など中枢機能は最後まで喰べ残して成長を続けて行くのである。かくして天正十年五月末頃にこの寄生虫は、愈々《いよいよ》、信長の最後の中枢機能を喰べつくすところまでに至ったのだ。

したがって秀吉にとっては、然《しか》るべきタイミングで信長に死んでもらうことが天下盗りという自分の夢にとっては必要不可欠であり、その絶好の機会が「本能寺の変」だったということになる。

Q14　信長に優るとも劣らない、秀吉の殺戮性《さつりくせい》！

「第六天の魔王」と異名をとった織田信長の殺戮振りは、つとに有名である。

だが信長の根底には、「信賞必罰主義」の概念があった。つまり「坊主憎けりゃ袈裟《けさ》まで憎い」のたぐいであろう。たとえば……
◇荒木村重《あらきむらしげ》・一族虐殺事件には、当然、信長に対する村重の謀叛の非があったのだ。
◇比叡山延暦寺・焼き討ちも、延暦寺が朝倉・浅井軍に味方した。信長は延暦寺に対して「自分に忠節を誓うか、中立を守るかにせよ」と要求した。だが延暦寺はこれを無視したため、ついに焼き討ちを命じたのである。
◇元亀六年信長は、京都から岐阜に帰城する山中で、雑賀衆《さいかしゅう》の杉谷善住房《すぎたにぜんじゅうぼう》に狙撃されたが、倖い弾が逸れて事無きを得た。後年、善住房が捕えられて、身体を土中に埋められて首だけを出され、竹鋸《たけのこぎり》で何人もに廻し斬りさせて処刑したのである。

ところが秀吉の殺戮は、信長よりさらに陰惨である。

前述の服部英雄氏記述の、［弟妹］の虐殺でも充分に窺《うかが》い知れるのだが……ある側室が病を患い大坂城を立ち去った。黄金を一枚与えられたので女は慰労金と考えたのであろう。（やがて病も癒《い》えて）ある僧侶のもとに嫁ぎ、一年後に子をなしたのだが……それを知った秀吉は、もと側室と亭主は「竹鋸」にて、子と乳母は「煮殺」という処刑で惨殺している。

またこのことは、大坂城を訪れた大友宗麟《おおともそうりん》が愕《おどろ》いたごとく、城内の「御奥」に多くの妻妾を持ちながら、秀吉には男性としての機能が働かぬことを、いみじくも実証したことになる。

そしてさらに服部英雄氏は、［鶴松・秀頼《ひでより》は、非配偶者間受精児説］を主唱している。

つまり、側室茶々（淀《よど》殿）の秀頼受胎が想定される時期に、秀吉は朝鮮出兵の基地・名護屋（佐賀県唐津市）に滞在中。一方、茶々の周辺では「子授け祈禱」が行われ、茶々懐妊の真相を知った秀吉は激怒し、城中の大勢の女房と僧（唱門師《しょうもじ》）三十人以上が処刑されたと伝えられている。

では何故、秀吉は茶々を赦《ゆる》し、秀頼を実子として認めたのか……《茶々はかつての主君、織田信長の姪《めい》。織田家の覇権を簒奪《さんだつ》した秀吉にとって、自らを正当化するためにも、茶々が子を産むことは望ましかった》からであるという。

さて秀吉の合戦には、足軽を消耗する作戦をなるべく避け、大費用を投下する兵糧攻めや、水攻めなど大工事型が多いのだが……そこには陰惨な非情さも伴うのである。つとに有名な、凄惨《せいさん》・残酷な秀吉の合戦として、

◇上月城・皆殺し作戦＝（天正五年）

城兵ほか、籠城《ろうじょう》の女子・子供二百人皆殺し。子供は串刺。女子は磔《はりつけ》。

◇三木城・皆殺し作戦＝（天正八年）

城主・別所長治《べっしょながはる》、長期兵糧攻めのため飢えに苦しむ城兵の助命嘆願の切腹をするも、結果は右に同じ。

◇因幡《いなば》・鳥取城の惨劇＝（天正八年）

世に言う「凄惨な鳥取城干殺《ひごろ》し作戦」。まさに極限に達した将兵間で人肉も喰《は》む、阿鼻《あび》叫喚《きょうかん》の地獄図さながら。

◇また、秀次《ひでつぐ》一族の惨殺死＝（文禄四年）

謀叛の嫌疑をかけられた秀次は、蟄居《ちっきょ》中の高野山で自害……首を三条河原に送られ、鹿垣を築くとその首を西向きに据え置き、刑場に曳かれた秀次の妻子達に拝ませ、おおむね二〜三十人の妻子をむごたらしくも処刑。息女はまだ十三歳の幼気《いたいけ》なさで、その処刑シーンを書くことが憚《はばか》られるほどの惨状であったが、処刑を奉行した石田三成《いしだみつなり》はそれを公然と見届けたという。また遺骸は手厚く葬られることなく、そのまま三条河原に埋められ、「畜生塚《ちくしょうづか》」と呼ばれたが、後に角倉了以《すみのくらりょうい》が瑞泉寺《ずいせんじ》を開き埋葬している。

これが「太閤さん」と多くの人から親しまれている、あの好々爺《こうこうや》の仮面の裏の陰惨な貌なのである。

（＊「水攻め」といっても、世に喧伝された「高松城水攻め」ではなく、敵城の井戸水の水脈を絶つ……等々である。「高松城水攻め」の愕くべき真実は後述）

Q15　何故「秀吉の陰謀」と、荒唐無稽なことを言い切れるのか？

さて愈々、「秀吉の陰謀」なる本題に入りたい。

四百三十三年来、連綿と語り伝えられて来たこの「本能寺の変」の通史に、今、何故私が、「秀吉の陰謀」なぞと荒唐無稽な珍説を唱《とな》えるのか……

まさにその序章は天正十年五月十七日、秀吉から信長への早馬で起こったのだ。

まず通史における其の概略を列記してみよう……

・三月十五日、秀吉率いる「中国方面軍」が、二万五千余の大軍で中国攻めを開始する。

・四月十五日に備中入りした秀吉軍は、「境目七城《さかいめ》」のうち、冠《かんむりやま》山城・宮路山《みやじやま》城を陥《お》とし、五月の初めに高松城を囲み、折から梅雨で水嵩《みずかさ》が増す足守川《あしもりがわ》を堰《せ》き止め、総長三キロに亘《わた》る厖大《ぼうだい》な築堤をして水を注ぎ込み、高松城を浮城にして兵糧攻めにする。

・時を移さず毛利三軍が、総勢五万の兵を率いて高松城救援のため着陣する。

・大軍の来襲に驚いた秀吉が五月十七日信長に早馬を送り、信長に来援を要請する。

・信長も「天下布武《てんかふぶ》」達成の好機到来と出陣を決め上洛し、六月四日京都本能寺を出立する旨、六月一日、公卿衆の前で公言する。

・秀吉は、「高松城は秀吉一人でも容易く攻め陥とせるのに、水攻めをしながら日数を要したのは、信長に速やかに大功を立てると忌《い》み妬《ねた》む心があるのを察してのこと」（『常《じょう》山記談《ざんきだん》』）という次第か、じいっと信長の到着を待ちながら毛利三軍と一戦も交えることなく、とにかく奇怪な対峙《たいじ》が続いたのである。

・ところが六月二日早暁、明智光秀率いる一万三千の兵が本能寺を急襲し、織田信長を……かつ二条御所に立て籠もる嫡子・信忠も同時に弑逆してしまったのである。

・逸早く凶変を知った秀吉は、詳細が漏れるその前に毛利方と講和を結び、逆賊・明智光秀軍を追討すべく、世に言う「奇跡の中国大返し」を敢行して、「山崎の合戦」で明智軍を壊滅させたのである。

以上が、世に紛れもない通史として罷《まか》り通って来た歴史的事実だったのだ。

Q16　毛利軍の軍勢を誇張して信長に援軍を要請した真相！

だが前述のとおり、秀吉が信長に来援を請う早馬を送ったのが五月十七日。一方、毛利軍が陸続と備中入りしたのは五月二十日から二十一日にかけて、である。

十七日に早馬を送るということは、少なくとも十六日以前には毛利軍が高松城救援のため着陣していなければならない筈《はず》である。秀吉はいまだ援軍がすべて着陣していないうちから、「毛利軍が五万計《ばかり》の大軍で……」と軍勢を誇張して信長を謀《はか》っていたのだ。

もうひとつ、不思議な現象がある。毛利軍勢の数である。すなわち毛利軍の実情は、九州の大友氏、伯耆《ほうき》の南条氏《なんじょう》への牽制のために、せいぜい一万有余の兵しか割《さ》けなかった。

つまり「五万」は秀吉の誇張である。一方の織田軍といえば、現状の秀吉軍の二万五千余の兵に、信長率いる二万五千余の兵を伴って出陣できる体制なのである。

ここにこそ計り知れない秀吉の企みの実態が隠されていたことになり、そこでいずれこの「五月十七日」が大きなターニングポイントとなって来るのである。

信長を殺害したいと考えていた秀吉にしてみれば、信長になんとかして安土城の外に出てもらいたい。城内より、城外の方が殺害しやすいのは自明である。

そのきっかけとして、「水攻めをしている高松城への援軍」を要請して信長を呼び寄せる、というのは格好の撒《ま》き餌《え》だったのである。

しかも折角信長に援軍を要請しておきながら、同時に毛利軍と「五ヶ国割譲」の講和折衝をしている現実を知ったならば、信長の心情たるやいかばかりのものであったことであろうか……

この三月、信長は宿敵・武田家を討ち、武田勝頼の首を京に晒《さら》しており、その首の受取人は、京都の茶人衆・長谷川宗仁《はせがわそうにん》という者で、後々、本件にも関わって来る。

同様に信長の今回の中国征伐は、毛利輝元・吉川元春・小早川隆景の首を京に晒すことであって、決して毛利軍と講和を結ぶことではない。だから秀吉の行動は明らかに軍律違反であって、信長に知れれば秀吉の首も飛びかねない。

だが秀吉にとっては、信長は中国征伐にはもう来られない……京都の某所で、明智なる者に討たれてこの高松には来られない……かの如くの振る舞いである。

そして六月二日に「信長謀殺」が予定通り実行されれば、三日の夜半から信長の死を伏せて毛利軍との講和の最終折衝を詰め、四日には高松城主を切腹させ、そして講和の締結も急がねばならない。これは時間との戦いである。少しでも時間が欲しい。だからこそ秀吉は、信長の死の前から、まるでその死がわかっていたかのように、講和のために動いていたのだ。

「五ヶ国割譲案」

（毛利案）

一、備中・備後・美作《みまさか》・因幡《いなば》・伯耆《ほうき》を譲渡する。

一、織田方は、高松城の全将兵を保全する。

（秀吉案）

一、備中・備後・美作・伯耆・出雲《いずも》を譲渡する。

一、全将兵は保全するが、清水宗治《しみずむねはる》は切腹の事。

その結果（信長凶変後）は、

一、因幡・美作と伯耆半国、備中は足守川以東の譲渡。

一、清水宗治の切腹。

毛利軍の折角の救援も、折からの悪天候や秀吉軍の立地条件に適った万全の備えなどに阻《はば》まれていかんともしがたく、なおかつ時を移さず近々、明智光秀率いる近畿管領軍の精鋭が、信長ともども到来するのだ（と、毛利輝元・吉川元春は思っていた）。

そこで毛利軍はこの「五ヶ国割譲」の講和を決意して「毛利案」となるのだが、秀吉は、因幡は先の鳥取城攻めですでに手に入れているとして、出雲と清水宗治の切腹を「秀吉案」として逆提案していたのである。

つまりこの講和自体が、すでに羽柴秀吉と小早川隆景との合意の下《もと》に作成されたものであり、毛利輝元と吉川元春を説得するため以外の何物でもなくなっていたのだ。

すなわち秀吉と隆景の間では、すでに水面下の合意があったのだが……ここで今しばらく時間を遡ってみたい。

Q17 秀吉の大工事による「高松城水攻め」はなかった！

とにかく「本能寺の変」前後の羽柴秀吉の行動を、「歴史の固定観念」に囚《とら》われることなく検証していきたい。

その結果、あまりにも不可解な言動の多さに愕かざるを得なくなる。これらを合理的に説明するには、前述したように、「秀吉こそが「本能寺の変」の犯人である」という結論にならざるを得ないのである。

「歴史の固定観念」の最たる例として、まず、秀吉による「備中高松城の水攻め」を挙げる。いうまでもなく天正十年（一五八二）五月七日、中国攻めの羽柴秀吉が高松城に立ちいたり、「この城は平城《ひらじろ》であるが三方が山で囲まれ、池沼《ちしょう》や新田が連なる低湿地で、自然の要塞さながら難攻不落の城である」と判断し、軍監・黒田官兵衛《くろだかんべえ》の献策を容《い》れて「水攻め」に及んだことを指す。

秀吉は驚天動地の策を立て、「蛙ヶ鼻《かわずがはな》」付近から「小山村」を経て「死越村《しこしむら》」の約三キロにわたる厖大《ぼうだい》な堤防を築き、折から梅雨時の水嵩《みずかさ》が増す足守川を堰き止めて、擂《す》り鉢状の地帯に水を注ぎ込んで湖水と化して、全体を浮城にして兵糧攻めにしようとしたのだ。

この膨大な築堤に際し、「土俵一俵につき銭百文、米一升」と地元民を煽《あお》り、昼夜兼行の突貫工事を敢行し、しかも「米・六万三千五百石あまり、銭・六十三万五千貫文余り、使用土俵・六百三十五万俵余り」を要した大工事の末、わずか十二日間の工期で完成したという、誰しもが周知の歴史的真実ということになるわけである。

しかし結論を先に言ってしまえば、大工事による高松城の水攻めは、実は行われていなかったことになるのだ。

このような大工事の模様が長く伝承されてきたのだが、それが「史実」となったのは、昭和五年（一九三〇）十一月十六日、昭和天皇が岡山で行われた陸軍特別大演習にお出ましになった時のことである。

その折、高松農学校で郷土の歴史家・高田馬治《たかだうまじ》氏が「御前講義」の栄誉に浴した。高田氏は多年にわたり「高松城水攻め」を研究してきたが、その成果を昭和天皇の御前で披露した。以来この「秀吉神話」が定説として罷《まか》り通るようになり、吉川英治《よしかわえいじ》、山岡荘八《やまおかそうはち》、司馬遼太郎《しばりようたろう》などがこの定説に華を添えたのだ。つまり挙国一致体制の折柄、不可能を可能にする国民一致団結による、未曾有《みぞう》の大事業達成が喧伝《けんでん》されるようになったのである。

また蛇足になるが……小よく大を制するかの感の「桶狭間の合戦」なども時局柄、軍部の施策方針に合致し、大いに喧伝されたのだ。

ちなみに「本能寺の変」も、主君に叛《そむ》く逆臣・明智光秀を厳しく糾弾して、勧善懲悪《かんぜんちようあく》の精神に伴い、国家的高揚にも大いに利用されてきたのだ。いささか余談になるが、私と同じ「明智光秀公顕彰会」に、明智光秀末裔《まつえい》の明智氏という会員がいて、主殺しという極悪非道の臣であることを楯《たて》に取られ、徴兵検査の際に軍部から、

「明智！　貴様は死んでこい！　死んで国家にお詫びしろ！」

といわれたと聞き及んでいる。

ともあれ「高松城水攻め」は、昭和天皇への「御前講義」を機に、単なる古文書上の伝承から、「確かな歴史事象」になったと思われるのである。

さらに言えば、今上陛下も皇太子時代の昭和二十四年（一九四九）四月二日に高松城を見学され、やはり件《くだん》の高田馬治氏から説明を受けられているので、未《いま》だにこの架空の大工事を信じておられるかも知れない。

Q18　一枚の写真が物語る、水に沈む城の真相

ところが土木工学専門家・額田雅裕《ぬかだまさひろ》氏は、「備中高松城水攻めの虚と実」という論文の中で、［古文書の通り築堤すると、十トンのトラック延べ六万四千台の土量を移動することになり、総工費も約二百七十億円程かかり、現代の土木技術をもってしても十二日間では到底不可能］と断言している。

それにもかかわらず、秀吉の「高松城水攻め」は、足守川の激流を堰き止めるべく石を積んだ船を何艘も沈めたりして、「土俵一俵につき銭百文、米一升」を支払い、しかも十

本丸

1985年6月25日　洪水時の状況

1999年8月

二日間で完成したとなっているのだが、これは一体どういうことなのか。

高松城址研究家・林信男《はやしのぶお》氏の長年の調査研究と、一枚の写真がその真相を解明した。

林氏は、高松城址の旧本丸に入る地籍で和菓子司「清鏡庵《せいきようあん》」を営む郷土歴史家である。地元の利を生かして永年「高松城水攻め」の虚実を研究し、昭和六十年代に前後して岡山教育委員会や、高松農業高等学校土木科の相次ぐ調査・測量を主導し、「高松城水攻め」の実態がなかったという、「林理論」を立証している。

昭和六十年（一九八五）六月二十五日の同地を襲った洪水時に林氏が撮影した写真を見ると、高松城本丸とおぼしき建物がほぼ冠水寸前になっている。ここに、四百三十三年前、秀吉や黒田官兵衛が眼前にして愕いた、浮城となった高松城が再現されていたのである。

この写真を、前述したBS-TBS放映『ライバルたちの光芒《こうぼう》』に私が出演した折、お見せしたのでご存知の方も多いと思うが、かなりの反響を頂いた。また私の隣で写真を覗き込んだ司会の軍《いくさ》奉行・高橋英樹氏も絶句、氏の「歴史的固定観念」が崩れた瞬間でもあったのだ（＊林信男氏は、史料を私に託し平成二十四年に九十四歳で遠行）。

この高松地方は三方が山で囲まれた擂り鉢状の低地で、ひとたび洪水が発生すると城が冠水寸前になる立地条件だったのだ。

しかも、「水攻め」があったとされる陰暦の天正十年四月二十九日から五月五日の六日間は、古記録では毎日雨が降り注ぎ、山口大学の山本武夫《やまもとたけお》教授（気象学）の調査によれば、降雨量は二百ミリを超えていたと報告されている。

五月七日に秀吉軍が高松城を囲むと、どうなるか。

林氏撮影の写真（P66～67上段）のごとく、連日降り注ぐ霖雨《りんう》で高松城本丸はほぼ冠水寸前になっていたはずである。足守川の水など一滴たりとも注ぎ込まれていない。つまり、雨だけで「高松城水攻め」の図式が完成していたのである。

あとはこの水が退《ひ》かないように、「蛙ヶ鼻」から「原古才村《はらこさい》」付近の「水通し」、すなわち水の捌《は》け口を塞《ふさ》げば兵糧攻めの目的が達成されるわけで、世にいう驚天動地の膨大な三キロの築堤など必要もなく、わずか三百メートルほどの水塞ぎ工事をすればよいわけだ。

これならば十二日間の工事で充分に間に合う。（吉川家文書《きつかわけもんじょ》【下口《しもくち》ヲツキ塞ギ責申候】）

昭和期に入ってからの軍部の煽動《せんどう》は別として、では、いかなる理由で羽柴秀吉は、まことしやかにこの「高松城水攻め」の、ありもしない実態を喧伝したのだろうか。

どうやらそれを解明する糸口は前述の五月十七日、安土城の織田信長の許《もと》に送った早馬にありそうだ。

「高松城を水攻めにしたところ、毛利軍が五万計《ばかり》の大軍で救援に押し寄せましたので、上様にも御出陣、御来援のほどを……」と要請しており、実にこの早馬こそが「本能寺の変」の発端として非常に重要な役割を持っていることを、重ねてご銘記頂きたい。

しかも不可思議なことに秀吉は、この水攻めと同時進行の形で毛利軍と独自の「五ヶ国割譲」の講和を進めていたと前述したが、そこに秀吉の、いかなる意図が存在していたのか。それを論じる前に、危機に陥った高松城の援軍としてここに登場する、毛利軍を見てみたい。

Q19　秀吉と小早川隆景との出会い

自然災害によって「浮城」の状態に晒《さら》され、かつ秀吉によって完全包囲され、糧道も絶たれた高松城主・清水宗治は、主家である毛利家に援軍を請うた。

その忠臣の請いに応じて毛利三軍は、「風林火山」の譬《たと》えではないが、「疾《はや》きこと風の如く」来援に馳《は》せ参じ、高松城兵一同を欣喜雀躍《きんきじゃくやく》させたのではあるが、毛利輝元軍は高松城の西二十キロほどの猿掛《さるかけ》山に、吉川元春・小早川隆景軍は城の南西の岩崎山・日差《ひさし》山に陣を張った。ところがその後、秀吉軍と毛利軍の両軍は「動かざること山の如く」四つにがっぷり組み合ったまま、いや、まだ立ち合っておらず、行司に促されて仕切り線に蹲踞《そんきょ》したまま一向に立ち合う気配もないのだ。結局は約十日間を仕切ったままずっと睨《にら》み合って「本能寺の変」を迎えることになったのである。

　さらにもう一つ、不可思議な現象があると前述した。すなわち今、毛利軍には五万の軍勢を出せない内部事情があるというのだ。

　だがこれはお怪《か》しい。信長にとっての今回の西国征伐は毛利軍との講和が目的ではなく、毛利軍三将の首を京に晒すことである。つまり今、毛利軍が直面しているのは、まさに毛利家存亡に関わる最大の危機なのだから、九州や伯耆のことは放ったらかしにしてでもなりふり構わず、乾坤一擲《けんこんいってき》、同じ五万くらいの兵力を賭《と》して総力戦で臨むべきであるのに、たかだか一万有余の援軍で秀吉軍と睨み合いごっこをしてお茶を濁す……ここに大いなる仕掛けが内包されていると考えざるを得ないのだ。

　つまり秀吉は秀吉で、何か異変を予期しているかのごとくじいっと待っている。一方、小早川隆景は、主戦に走らんとする兄・吉川元春を必死に牽制しながら、毛利家の安堵を賭けて、これまた動かないでいる。とにかく備中高松で両軍が一戦も交えず、ただじいっと何かを待っていたのである。

これはさながら信長はもう高松攻めには来ない、いや、来られないがごとくである。そのうち京都の某所で、明智光秀の謀叛に遭い二度と立ち上がれなくなることを、秀吉はもちろん、小早川隆景もあらかじめ知っていたと勘繰られても致し方ないのである。

（つまりこれが明らかに光秀の謀叛でなければ、秀吉が仕掛けた謀叛でしかないのである）

ここまでが不可思議な現象の概略だが、ここに至るまでの経緯を簡約してみたい。

永禄十一年（一五六八）、織田信長が足利義昭を奉戴《ほうたい》して上洛すると、小早川隆景が毛利方の代表として信長と折衝を始め、すでにその使者も交換していた。

そして翌十二年、小早川隆景を介して正式な交渉も始まり、木下藤吉郎秀吉が織田方の「申次《もうしつぎ》」（外交官）として抜擢《ばつてき》され、「信長別して申され候条、いよいよ向後御隔心無く仰せ談ぜられるべき事肝要に候、我らの事、若輩ながら相応の儀示し頂け、疎意あるべからず候」（信長が格別に申すには、今後両国が隔心無く外交することが肝要で、私も若輩ながら努力に相務める所存で、疎意はありません。若輩ながら今後ともよしなに……）という挨拶文を添えて馬一疋《いちぴき》を隆景に贈っている。

さらに安国寺恵瓊《あんこくじえけい》も毛利方の使僧（外交僧）として登場し、当初織田方は木下藤吉郎秀吉（使僧は朝山日乗《あさやまにちじよう》）、毛利方は小早川隆景（使僧は安国寺恵瓊）という次第で進捗《しんちよく》していったわけである。

秀吉はここで、後年、己の運命を大きく左右する得難き人物で、文字通り毛利家の屋台骨を大きく支える逸材である小早川隆景に出会うことになる。そしてその後、時を追うにつれて抜き差しならぬ二人の関係が、構築されていくことになるのである。

一方、安国寺恵瓊と秀吉の交流も、徐々にその密度を深めていくことになる。恵瓊は織田方の朝山日乗と同じく使僧であって、隆景のブレインでもあった。

この安国寺恵瓊は元亀二年（一五七一）、信長に謁見《えつけん》しており、その信長の本質に触れて、

「将軍の使い様（傀儡《かいらい》政権）や、またその政策ポリシーの強烈さ。やがて天下を取るかに見えるが、やはり本質的には天下人として万人から認められる器《うつわ》ではない。そしてただ

異形《いぎょう》に映る印象。やがて公卿にも列していこうが、信長の天下取りへのプロセスにはなにか異形異体のおぞましさがある。この信長では天下が治まらない。またあの性格では、やがて大きな反動が出て来て、信長は大きく仰向けに仰《の》け反《ぞ》り込むであろう（高ころびにあおのけにころばれ候）。信長はどでかいことを遣り遂げもしようが、またどえらい事態にも遭遇しよう。つまり畳の上では死ねない男だ。一方、藤吉郎は中々の利《き》け者（腕利き）だ！

その藤吉郎が天下を望めば非常に面白い存在だ！　いや狙える器量を持った男だと思う」

と述べている。その炯眼《けいがん》たるや尋常ならざるものがあると、瞠目《どうもく》せざるを得ない。恵瓊の見立てどおり、秀吉は天下盗りを望んでいたのである。

ちなみに信長は、天正二年（一五七四）に「従三位参議」に叙任されて公卿に列する。天正三年（一五七五）「従三位権大納言」に昇り、「右近衛大将《うこんえのたいしょう》」を兼任する。天正四年に「正二位内大臣」に昇進。天正五年に「従二位右大臣」に進み、天正六年に「正二位右大臣」に昇り、「右近衛大将」も同様に兼任するが、同年四月に突如、両官位を朝廷に返上する。

以降、一切の官職を辞して、「本能寺の変」まで「前右府《さきのうふ》」と呼称されるのだ。そして天正十年六月二日、本能寺において恵瓊の予言どおり信長は、「高ころびにあおのけにころばれ候」という事態になったのである。

かくして秀吉・隆景ラインは固まり、これまた黒田官兵衛（秀吉の参謀）、安国寺恵瓊という名にし負《お》う鬼謀《きぼう》と謳《うた》われた名脇役たちが、文字通りその脇を固めていったのだ。もちろん表向きは天正四年、六年と、摂津木津川口《せっつきづがわ》で本願寺と絡んだ、シーレーンを争う織田軍との激突があったが、これは決して秀吉対隆景の戦いではなかったのだ。

Q20　小早川隆景の講和論、吉川元春の決戦論、毛利一族の不一致

一方、信長が毛利家を潰しにかかっているのは自明である。そこでなんとか毛利家の安泰をはかるためにも、隆景としては血気にはやる兄・吉川元春を牽制しつつ秀吉と協調していくしか道はなかったのである。

だが隆景の「決して天下を望まず」「毛利の二字、末代までの安堵」を主題とする政策

ポリシーにも「内憂外患《ないゆうがいかん》」の譬《たと》え通り「内憂」の問題を抱えていたのである。すなわち、毛利一族も傍《はた》で見るほど「一枚岩」でもなかったのだ。

特に吉川元春は、毛利家の使僧・安国寺恵瓊とは折り合いが悪く、「毛利家の獅子身中の虫」とか「売僧《まいす》」と恵瓊を罵《ののし》っていたのである。いわゆる「剛の元春、智の隆景」といわれ、また寒中に咲く梅花に譬えられる元春と、春風になびく楊柳《ようりゅう》にも譬えられた隆景とでは、各々《おのおの》の人物本来の性格にもよるが、その置かれた環境にも大きな違いを来《きた》したことであろう。

安芸《あき》の北部から石見《いわみ》にかけて伝統的な勢力を養っていた吉川家を継いだ元春は、主に山陰方面の剛直な国衆を配下に持っていたが、一方、安芸の東南部瀬戸内海の島々にかけて発展していた小早川家を継いだ隆景は、毛利氏の山陽方面を担っていた海賊衆を駆使してその配下にしていたのだ。

また前述した高松城水攻めの講和が成立する直前まで、元春は強く決戦を主張していたが、隆景はそれを必死に牽制して恵瓊ともども、積極的に秀吉との講和成立へと事を運んだわけである。

『陰徳太平記《いんとくたいへいき》』には、

《元春からは、隆景の態度が余りにも思慮深過ぎる消極策だと詰《なじ》られたが、隆景にいわせれば、元春はともすれば「すぐ叶わずば討死するまでよ」とか、「このところは退くまい、あのところは押し入らん」などと、まるで若武者か、三百～五百の小部隊の侍大将のようなことばかりいう。大敵の秀吉と鋒《ほこさき》を争うのにどうしてそのような勇一途《いさみいちず》の短慮で勝つことができようかと批評していた》と記されているのだ。

Q21　秀吉と小早川隆景の間での水面下の合意

小早川隆景にとっては、天下を望み、かつ自分たちの首も晒したいと思っている信長と、同じく天下を望むが、毛利の捨て身の協力で毛利の二字を末代までも安堵してくれそうな秀吉との、二者択一の問題である。そしてすでに、秀吉との間では合意に達していたのである。だがここで、一つの問題が提起されることになる。

実は清水宗治の切腹に関して、毛利輝元が猛反対していたのだ。

この清水宗治は毛利家にとって外様《とざま》の家臣で毛利家臣従の歴史は浅かったが、秀吉が高松城攻めに入る前に黒田官兵衛・蜂須賀（小六）正勝を宗治のもとに遣わし、「備中・備後」という多禄を以て誘降を試みたが、「武士には二心《ふたごころ》は御座らぬ……」と一蹴された経緯があった。また輝元も、かかる忠節の士をおめおめ切腹させては、毛利家の名も廃《すた》ると大いに逡巡《しゅんじゅん》し、割譲案が行き詰まっていたのである。

そうこうするうちに、「信長謀殺」が秀吉の予定通りに進行した時点で、秀吉＝隆景の命を帯びた恵瓊が単身で清水宗治と会い、

「織田側の講和の条々には、五ヶ国割譲と高松城主の切腹が明記されており、御貴殿のご決断で毛利家存亡の危機が救われる」

と、言葉巧みに説得したのであろう。宗治も、

「予《かね》てより死は覚悟の上である。自分の一命により主家を安泰に、そして部下五千の命を救うことができれば、武士としてこの上もない本望である」と、自刃を承諾したのだ。

かくしてかの有名な衆人環視の下、船上での切腹となり、その後すぐ恵瓊が、「一死を以て、主家及び城中の者の生命に代わりたい」という宗治の遺書を携えて輝元に会い、やっと説得して最終的な講和が締結されたのだ。

『江系譜』によれば、

是に由り、和平成就也（清水宗治が切腹したこと）。因幡・美作一国と伯耆半国、備中は足守川以東の譲渡。起請文之事（以下、現代語訳）。
一、公儀（信長）に対せられ、毛利家側の道理を、私（秀吉）が納得致しましたので、今後は少しも毛利家をおろそかに思うことはありません。
一、申すまでもなく、毛利輝元・吉川元春・小早川隆景のことは、決して粗略には扱いません。私の職務にかけて、見放すことは致しません。
一、このように申し上げた以上、嘘偽りや、租税をごまかすことは決してありません。右の事柄にもし偽りがあったならば、日本国中の大小の神々、ことに八幡大菩薩、京都愛宕《あた》神社《ご》（中略）の神罰を深く厚く身に受けるでしょう。よって起請文はこの通りです。

天正十年六月四日　　　　羽柴筑前守秀吉（血判）

毛利右馬頭《うまのかみ》（輝元）殿
吉川駿河守《するがのかみ》（元春）殿
小早川左衛門佐《さえもんのすけ》（隆景）殿

かくして起請文は、無事に取り交わされたのだ。表向きは織田家対毛利家との起請文であるようだが、「第二条」の条文は紛れもなく羽柴秀吉の、対毛利家（毛利輝元・吉川元春・小早川隆景）に対する身の保全そのものである。またその当然の帰結として、豊臣政権下では、毛利六万石だった小早川隆景が六十三万石になり、豊臣家五大老に列し、文禄《ぶんろく》の役では朝鮮攻めの総司令官になっている。

また毛利輝元も安芸・周防《すおう》・石見など百二十万石が安堵され、これまた豊臣家の五大老に列するのだ。

さらに僧侶の身でありながら安国寺恵瓊も六万石の大名に出世をし、秀吉の側近中の側近として、文禄の役では軍《いくさ》奉行としても活躍する。

ただし勇一途で秀吉嫌いの吉川元春は、秀吉が天下を盗るやその配下になることを拒み、家督を長男の元長《もとなが》に譲って隠棲するが、天正十四年（一五八六）に輝元の要請を受けて九州に出陣中、あわれにも小倉《こくら》で病没したのである。

後年、小早川隆景が「毛利家が今日のように安泰なのは、兄上（元春）と私が高松での講和を固く守って、太閤殿下の御恵みにあずかったお蔭だ」と、ぬけぬけと嘯《うそぶ》くのだが、その頃元春は草葉の陰で切歯扼腕《せっしやくわん》、きっと悔し涙に暮れていたと思われるのである。

Q22 「本能寺の変」を知ったとき、「謀《はか》られた」と吉川元春

さてこの起請文を取り交わした後、わずか半日ないし一日の差で「本能寺の変」を毛利家は知るところとなるのである。

ただし、ここで知ったのは、あくまでも毛利輝元と吉川元春であることは、今さらいうまでもないだろう。小早川隆景は、講和の交渉の段階で、秀吉から「本能寺の変」の狙いを聞いていたし、かつ協力もしていたからである。

かくして、ここで初めて事変を知った元春とすでに知っていた隆景の間で、茶番劇が繰り広げられたのである。

「我等、謀られたり！　さあ馬を乗り殺すのはこの時ぞ！　全速力で追いかけよう！」

と全軍に、秀吉軍追撃の檄《げき》を飛ばす吉川元春。

「誓紙の血がまだ乾かないのに、これを破るは不義であり、信長の喪《も》に乗ずるは不義なり！　父元就公死去の折、誓書を以て輝元擁立を我々に約束させた。誓書こそ事の基本である。それに父は、天下を望んではならないと仰せられたではないか！」

と、それを強く押し止める小早川隆景。

ただし、一部はあの俗書として名高い『川角《かわすみ》太閤記』にもある、非常に出来すぎた話だから信憑性《しんぴょうせい》にはやや欠ける。

主戦論に走る兄・元春を必死に牽制しながら、ただひたすらに「毛利家の安泰」のみを希求する隆景。この秀吉と隆景による密謀劇は、十日間にわたる不可解な睨み合いの末、破格で暫定的な講和の帰結と、輝元が猛反対する高松城主の切腹、そして秀吉軍の世に言う「奇跡の中国大返し」でその幕を閉じるのだ。

Q23 「中国大返し」は、出来過ぎた「奇跡」

秀吉軍の見事な引き上げ、いわゆる「中国大返し」についての、『歴史読本』所載・藤《ふじ》本光《もとみつる》氏の「疾風怒濤《しっぷうどとう》・秀吉東上の経路」から、一般的と思われるその行程表を引用すると、以下のようになる。

「六月」天候

二日　曇り　備中高松城水攻め交戦中。

三日　大雨　夜、凶変至り、深夜毛利方と和議成立。

四日　　　　高松城主・清水宗治自刃。起請文調印。（夕刻毛利軍も情報入手）

五日　大雨　高松在陣。

六日　　　　高松発―沼《ぬま》着。（二〇キロ）

七日　大雨　沼発―（吉井《よしい》川渡河）姫路《ひめじ》着。（八〇キロ）

八日　　　　姫路滞陣。

九日　大雨　姫路発―（夜半）兵庫着。（四〇キロ）

十日　　　　兵庫発―尼崎《あまがさき》に進出。（四〇キロ）

十一日　雨　尼崎発―摂津富田《とんだ》方面に進出。（二七キロ）

十二日　　　中川清秀・高山右近・池田恒興来属。

十三日　雨　織田信孝・丹羽長秀合流。富田―山崎へ。（一二キロ）

午後四時頃、開戦。（明智軍、敗走）

以上が標準的な行程表で、総計二百十九キロに及んでいる。しかもその圧巻は、六月七日の沼から姫路までの八十キロである。
大雨の中、吉井川の氾濫《はんらん》を渡河して走行する、まさに死のロードレースだ。前日の六日に二十キロ走って、今日七日は八十キロ。そして一日休んで翌九日にまた四十キロ。翌十日もまた四十キロ。そして十一日も二十七キロとなる。しかもほとんどが大雨の中で、到底、人間業《わざ》とは思えない行程なのである。
ところがNHKの「その時歴史が動いた」では、
《……光秀との決戦の地、京都までおよそ二百キロメートル、官兵衛は使者を先回りさせ、道々の領民に炊き出しや水を用意させました。秀吉は、官兵衛に導かれて天下人への道をまっしぐらに駆けて行きます》
と軽く言うのだが、『武功夜話《ぶこうやわ》』によれば総勢一万七千人という大軍である。腹が減っては戦ができず、兵士達が一日に一人十個の握り飯を喰べるとして、走る日数・五日間で一兵士五十個。つまり、総計八十五万個もの握り飯が要る勘定になる。こんな膨大な数量は、ちょっとやそっとの領民の奉仕でおいそれとできるものではない。
またほとんどが雨の中で裸足《はだし》では走れないので、草鞋《わらじ》が必要である。一人一日二足としても、これまた総計十七万足の草鞋が必要となってくるのだ。

中国大返しのこの二百十九キロとはどのくらいの距離感になるのであろうかと思案しているうちに、あの「箱根《はこね》駅伝」とほとんど一緒（東京・大手町《おおてまち》の読売新聞本社前から、神奈川県箱根町の芦ノ湖《あしのこ》駐車場入り口までを往復する十区間の走行距離が二百十七・一キロ）なのに気づいて、一驚した次第である（※二〇一五年より距離改定）。

備中高松地方という現地の土地勘に疎《うと》い私にとっては、「箱根駅伝」の走行距離に置き換えると、想定距離のシミュレーションができる。

ただし、「中国大返し」の実態を否定する私にとっては、あくまでも「想定距離」に過ぎない。またもとより駅伝の選手諸君は、選《よ》りすぐりの鍛え抜かれたスペシャリストの面々だから、一キロを三分台のスピードで東京・大手町から箱根の山を一気に駆け登り、かつ翌日は箱根の山を一気に駆け下りて、東京・大手町まで戻って来る猛者《もさ》揃いだ。その脚力においては、到底比較になるものではないが、その八十キロないし、四十キロの距離感は的確に把握できるのである。

そこで問題の、六月七日の「沼」——「姫路」間の八十キロだが、この「箱根駅伝」に置き換えてみると、東京・大手町から鶴見―戸塚―平塚―小田原中継所までの四区間で、計八十四・四キロ。また四十キロは、東京・大手町から鶴見―戸塚中継所までの二区間で、計四十四・四キロが目安になるのだ。

かくして前述の行程表の「二十キロ―八十キロ―四十キロ―四十キロ―二十七キロ」の総計の二百七キロを、一日休みの六日間で駅伝ならぬ一兵士が一人で駆け抜けるのである。これはとても、実際に走行可能な距離と時間とは思えない。

これを「通説」では、世に言う「奇跡の中国大返し」と呼称し、「奇跡」を強調して誤魔化してしまうのである。

Q24　「奇跡」はなかった

次のような状況下であれば、兵士たちは苛酷な負担がかかる中国大返しを遂行しなくても済んだはずだ。

・秀吉は（光秀の行動の如何を問わず）六月の初め頃の「本能寺の変」の出来《しゅったい》を、あらかじめ予測していた（もしくは自らが実行しようとしていた）。
・秀吉と、小早川隆景の間では、事変勃発後も秀吉軍の東上を安全かつ速やかにすべき合意が成立していた。

これなら秀吉は後顧《こうこ》の憂いなく、順次軍勢を姫路に向かって引き揚げられる。

たとえば、全体を第一次隊、第二次隊、第三次隊に分ける。そして第一次隊、第二次隊は六月二日以前に引き揚げを開始する。

「本能寺の変」も、二日には予定通り進行したことが、秀吉配下の特殊情報ルートからわかるだろうから、三日には毛利方と最終講和を折衝し、四日には清水宗治の切腹を見届けてから講和を締結すればよいわけだ。

かくして秀吉軍は密かに姫路へ向かって、ゆとりある引き揚げを順次始めていた。六日間で二百七キロ、マラソンの五倍ほどの距離を駆け抜けるような「奇跡」は必要ない。

とはいえ、それはあくまでも一万七千の兵のことで、秀吉本陣にはその殿《しんがり》を務める宇喜多秀家《うきたひでいえ》軍の七千～八千の兵がまだ残っており、いざという時にはそこを死守する覚悟であったのであろう。

実際に、宇喜多秀家軍が最後に高松を引き揚げる際、岡山城までの約十五キロの距離をマラソンさながら、中国大返しの真似事をしたのではないだろうか。一歩誤れば、吉川元春が飛び出して来て一手にその襲撃を受ける立場にあったのだが、秀家は見事にこの殿の重責を果たした。その秀家も後には豊臣家の五大老の一人に列することになるのである。

いずれにしても、あの疾風怒濤の「中国大返し」はなかった。このことを、私は強く主張したい。

ところが前述のBS-TBS放映『ライバルたちの光芒《こうぼう》』に、豊臣秀吉側の弁護人として共演した作家の加来耕三氏は、この「中国大返し」を肯定し、私説にかく反論した……《どうやって皆を走らせたか、というモチベーション……すなわち黒田官兵衛が一つの噂を流す……もし秀吉様が光秀を破ったなら、秀吉様は天下を取るのではないか……すると武将達は大名になれるし、足軽達も将校になれる……こんな凄い、一生の内に一度あるかないかのチャンスを巡って、皆、必死に走った……そして姫路城に着くと秀吉は、米・金銀をみなばら撒いて彼等のやる気満々とさせる……》と、「火事場の馬鹿力」さながらで、司会の高橋英樹・軍《いくさ》奉行から、《馬の前に人参をぶら提げた……》と揶揄《やゆ》られていたが……概《おお》ね「通説」のモチベーションたるやは、大同小異、かくのごとくである。

だが今一度、行程表を見直して想起して頂きたい。

［前日の六日に二十キロ走って、今日七日は八十キロ。さすがに一日休んで翌九日にまた四十キロ。翌十日もまた四十キロ。そして十一日も二十七キロ。しかもほとんどが大雨の中で翌十二日は小休止するも、翌十三日は愈々本番で、富田から山崎へさらに十二キロ進み、午後四時頃、合戦の火蓋が切って落とされた］のだが……これでは秀吉軍、はたして満足に戦えたのだろうか！　甚だ疑問である。

Q25　歴史家たちが書き始めたこと

大変不可解なことに、《秀吉は本能寺の変の出来《しゅったい》をあらかじめ知っていたのではないか》

と、最近一部の歴史家たちが書き始めている。

だからこそあのような素早い「中国大返し」ができたのではないか、ともいうのだ。

たとえば藤田達生氏も、《……あろうことか秀吉は、信長が不慮の死を遂げた「本能寺の変」を、あらかじめ想定していた可能性すら否定できない》と記している。

でもこれは、考え方が逆である。光秀に関する不穏な情報をキャッチしていたら、忠臣・羽柴秀吉としては速やかに信長なり、信忠に報告しているはずだ。

したがって、秀吉が光秀の不穏な動向を事前に知っていたとするならば、それは、

・光秀と秀吉が共同謀議した。
・当の秀吉自身が謀叛の絡繰《からく》りを設《しつら》え、光秀を囮《おとり》にして実行した。

この二つ以外には、秀吉が「本能寺の変」の出来をあらかじめ知り得る要素はまったくなかったと、はっきりと断言できるのである。歴史家たるものは、もっと確固たる歴史的根拠に基づいて発言すべきではないだろうか。

Q26　第一級の大嘘！　光秀の密使が捕えられた！

この「本能寺の変」伝承の圧巻のひとつ……「本能寺の変」の翌六月三日の夜半、明智

光秀の小早川隆景に宛てた密書を携えた使者が、よりによって秀吉の陣中に紛れ込み、捕えられて秀吉がその事変を先に知るというのである。まさに「是非に及ばず」と比肩する「本能寺の変」の定番事項であって、子供のころから光秀ファンであった私は地団駄《じだんだ》踏んで悔しがったものである。《こんな不手際さえなければ、光秀は天下を取れたのに……》と。しかもその密書には、次の文面がまことしやかに登場する。

《急度、飛檄をもって、言上せしめ候。こんど、羽柴秀吉こと、備中国において乱妨くわだつる条、将軍御旗をいだされ、三家御対陣のよし、まことに御忠烈のいたり、ながく末世につたうべく候。しからば、光秀こと、近年、信長にたいし、いきどほりをいだき、遺恨もだしがたく候。今月二日、本能寺において、信長親子を誅し、素懐を達し候。かつは、将軍御本意をとげられるの条、生前の大慶、これに過ぐべからず候。このむね、よろしく御披露にあずかるべきものなり。　盛惶盛恐　　惟任日向守

六月二日　　小早川左衛門佐《すけ》殿　》　　（『別本川角太閤記』）

この密書を読んだ秀吉は、主君信長の寝耳に水の凶報に愕き、わなわなと密書を手にし

て号泣する。かくして光秀の使者は致命的なミスを犯してしまい、光秀と秀吉の運・不運が天命の如くここに決まってしまうことになるのだ。そしてこの件に関しては、枚挙に遑《いとま》がないほど、歴史家・作家諸氏が書き捲《まく》っている。

ところがこの密書には、かなりの不可思議な点がある。

《遺恨もだしがたく候。今月二日、本能寺において信長親子を誅し、素懐を達し候》と記しているのだが、この密書の日付である六月二日の段階では、信長父子の生死はまだ不明であった。

『當代記《とうだいき》』にも、《……焼き死に玉ふか、終《つい》に御死骸見へ給はず、惟任《これとう》も不審に存じ、色々相尋ねけれども、その甲斐無し、御年四十九歳》とあり、またある公卿の日記にも「一、洛中騒動、斜メナラズ」とある。

つまり信長の遺骸が見当たらなくて、明智光秀は六月二日から四日まで大騒ぎをして京都中を捜しまわったがその甲斐もなく、信忠の遺骸ともども見当たらなかったのである。

それなのに『別本川角太閤記』では、はっきりと六月二日に光秀が信長父子を弑逆したと記しており、また多くの著名な歴史家・作家の諸氏も何の衒《てら》いもなく『光秀の密書』として堂々と引用しているのである（かの桑田《くわた》忠親《ただちか》氏も然り……）。

また光秀が発給したという『西尾光教《にしおみつのり》への大垣城受け渡し要請文』でも、六月二日の日付で《(信長・信忠)父子の悪逆天下の妨げ、討ち果し候……》とあり、これもほとんどの史家が一級史料と認定しているようだが、光秀の直筆でもなく後日編纂された『武家事紀《ぶけじき》』所収のもので、まずはあり得ないことだ。

この時点で《信長親子を誅し》と断言できるのは、「本能寺の変」の実行犯しかいないのである。しかもその人物は、この明智光秀からという密書を捏造《ねつぞう》して満を持していたのだ。

(何故ならば此処まで拙著をお読みの読者諸氏は、すでに秀吉と小早川隆景との癒着振りも十二分におわかりだから、たとえこの密書が無事に隆景の許に届いたとしても、その結果は目に見えているわけで、隆景は決して光秀とは与同しなかったであろう)

Q27　秀吉様、天下を御取りなさいませ！

かくしてまた此処に、もう一つの奇妙なドラマが誕生するのである。NHK「その時歴史が動いた」の《秀吉に天下を取らせた男》から、番組キャスターの語りである。

《光秀の使者から信長の凶変を知り、我を忘れて泣き崩れる秀吉を見て、黒田官兵衛は冷静かつ大胆にして、秀吉にこう直言したと伝えられています。

秀吉様、御運が開けましたな、

天下を御取りなさいませ。

言葉の意味を悟った秀吉は、はっとして我に返り、官兵衛に問いかけました。

只今の計略、如何にすべき。

自分の主人を天下の座に据える。戦国最強のNO．2、黒田官兵衛の一世一代の大勝負が始まりました。すぐさま官兵衛は動きます。まず夜も明けきらぬ内から、毛利方と和睦の交渉に入りました。官兵衛は領土割譲の交渉で大幅に譲歩し、また腹を切るのは高松城主だけとするなどと、破格な条件を出しました。そして僅か一日、信長の死が毛利方に伝わる前に和睦を結ぶことに成功します。そしてその日の午後、高松城主が約束通り切腹。官兵衛は総大将秀吉に、それを悠然と見届けさせます。

その裏で官兵衛自身が陣頭に立ち、明智征伐のための一万の兵をすぐさま都に向かわせるための準備に奔走していました。官兵衛の八面六臂《はちめんろっぴ》の活躍で、世に言う中国大返しが始まります。備中高松城から、光秀との決戦の地、京都までおよそ二百キロメートル。官兵衛は使者を先回りさせ、道々の領民に炊き出しや水を用意させました。秀吉は、官兵衛に導かれ天下人への道をまっしぐらに駆けて行きます》

だが「孫子《そんし》の兵法」を遵守するこの戦国時代に、秀吉が信長至上の忠臣であったならば、はたして「がせネタ」に近いかかる情報ひとつで、かくも安易な判断を下して迅速かつ大胆に行動し得るものであろうか……？　毛利軍による秀吉陣・撹乱《かくらん》戦術とも当然考えられるからである。

Q28　秀吉に凶変を知らせたのは、京都の茶人・長谷川宗仁だ！

だが最近では六月三日の夜半、中国方面軍司令官・羽柴秀吉の許へ「本能寺の変」の急報を届けたのは、親信長派と言われた京・町衆茶人、長谷川宗仁だったという説が定説化しており、私も当初はそう思っていた一人である。

この長谷川宗仁の出自は京都の有力町衆茶人で、信長に伺候するのは、信長が上洛した翌年の永禄十二年頃からで、茶人で政商の今井《いまい》宗久《そうきゅう》と組んで信長に仕え、宗久共々その見返りとして都やその周辺の直轄地の代官職が与えられ、特権的町衆として都に君臨するようになっていたのである。

また特に宗仁は『信長公記』に三回登場し、その二回は何と朝倉義景、武田勝頼の「首級《しるし》」の受取人で、
・天正六年八月二十四日《義景頸、長谷川宗仁に仰付けられ、京都へ上《のぼら》せ獄門に懸けさせられ》（巻六）
・天正十年三月十六日《武田四郎・同太郎・武田典厩《てんきゅう》・仁科五郎四人の首、長谷川宗仁に仰付けられ、京都へ上せ、獄門に懸けられるべきの由候て、御上京候なり》（巻十五）
・また残りの一回は、天正六年朔日、信長が主だった家臣を集めて茶会を催した折の記載であるが、茶人の宗仁が末席に列しているのがいささか異様である。
すなわち、信長の「御茶道《おさどう》」である今井宗久・津田宗及《つだそうぎゅう》・千宗易《せんそうえき》など、茶の湯で仕える「仕取《しど》り」ではなかったが……やがて事変後秀吉に臣従し、千宗易（利休《りきゅう》）の派手さはないが、秀吉の寵臣《ちょうしん》と言わしめたほどの実力者だったのである。『寛政重修諸家譜』には、
《織田右府《うふ》に仕へ、天正五年従五位下に昇り、のちに法眼《ほうげん》に叙し、刑部卿《ぎょうぶきょう》と称す。十年右府事あるの後、豊臣太閤に仕ふ。慶長五年より東照宮に仕へたてまつり、仰《おおせ》により政《まん》

所《どころ》（太閤室）の番をつとむ。十一年二月九日死す。年六十八》とある。

とにかく「本能寺の変」に関しても（後に詳述するが）、同じく秀吉方に与《くみ》した吉田兼《よしだかね》見《み》・里村紹巴《さとむらじょうは》・千宗易などとは一見異なるものの、この宗仁は秀吉の意図をよく汲み、事変の「情報統括責任者」として、安土インターネットの機能を見事にアクセスした功績は大である。そういった観点からも、梟臣《きょうしん》・石田三成とも異なった秀吉の懐刀であり、また千利休や黒田官兵衛とは異色の、すなわち秀吉の謎を握る寵臣でもあったのである。

またあの里村紹巴の連歌師を志望した動機が、奈良出身の職人町衆から、貴人および名だたる武将と同座出来得ることへの憧憬であったように……この長谷川宗仁の異例の大出世を顧みても、やはり毀誉褒貶《きよほうへん》に長《た》けた並々ならぬ御仁であったと思われる。

すなわち信長に見いだされ、しかも「本能寺の変」に便乗して秀吉に臣従し、さらに家康にも仕えて延命を計る、否、延命を計れること自体が並大抵の者ではないと思われる所《ゆ》以《えん》でもある（後程《のちほど》「本能寺茶会」にて、宗仁の出色《しゅっしょく》のもうひと働きを詳述したい）。

Q29 だがもう一つの、愕くべき［通信機能《インターネット》］が存在した！

まだ信長父子の遺骸も見つからず、首も晒《さら》されていないのに、《明智光秀が、六月二日に本能寺で信長父子を討った！》とはっきり書かれた密書が秀吉陣に紛れ込み、羽柴秀吉が毛利方より逸早く凶変を知るところとなり、思わぬところから天下が転がり込んで来た……と、我々は何百年もの間騙《だま》されて来たのである。

しかもその凶変が秀吉の許に齎《もたら》せられたのは、長谷川宗仁からだったとも前述した。

だがさらに愕くことに三重大学・藤田達生氏が、ＮＨＫ「その時歴史が動いた」と著書『本能寺の変の群像』で発言・記述したことである。

その注目すべきこととは、秀吉が丹波地方の武将・夜久《やく》氏に宛てた書状の解明である。《今後往来頼入候》（いよいよ今後、往来有るべく候）すなわち、今後自分の送る使者が、ご領内を行き来しますのでよろしく頼み入ります、と言う書簡を読み明かしているのだ。

この夜久主計頭《かずえのかみ》の領地は、山陽道から遠く離れた中国山地の中にあり、秀吉は危険の多い山陽道を離れた迂回路を使って、近畿の武将達に書状を届けていたという。

そこで藤田氏は、

《摂津衆の動向を決めた要因は、情報戦における秀吉の抜群の手腕にあったといえる。秀吉は、京都や近江といった光秀の制圧地域の情報さえも、いち早く入手していたのである。この背景については、天正十年と推定できる次の史料に着目する。（傍点引用者）

わざと啓せしめ候、よってその表、我らの者ども切々江州へ上下し候ところ、路次異儀なく送り届けられ候、祝着せしめ候、いよいよ向後往来これあるべく候条、別して頼み入り候（以下略）

（天正十年）六月五日　羽柴小一郎

秀長（花押）

夜久主計頭殿

（逐次訳）

たしかに申し上げます。さてそちらの方面（夜久氏の本拠地但馬・丹波国境沿いの夜久野地域）においては、羽柴家の家臣の者ども（使者）が、なんとか近江（長浜）まで往復しておりますが、それについて街道（山陰道）を安全に送り届けていただきまして、大変ありがたく存じます。ますます今後とも（使者の）往来がありましょうから、特によろしくお願いいたします。（以下略）

これによると、秀吉が備中高松城に在陣していた六月五日以前に、丹波天田郡の夜久氏の協力を得て、備中高松の陣所から近江長浜までのルートをなんとか確保し、家臣がその間を往復していたことが判明する。》

つまりこのルートとは、備中高松から姫路まで向かい、さらに北上して但馬《たじま》竹田を通過して同国和田山で右折し、ここからは近世の山陽道と同じで、夜久氏の本拠地但馬・丹波国境沿いの夜久野地域（京都府夜久野町）を経て、丹波福知山・亀山そして京都に至るコースと想定されるのだ。

そこで信長父子弑逆の情報も、なにも光秀の使者からわかったのではない。

というよりもむしろ信長一行の本能寺入りから、そのクーデター実行の成否、また明智光秀の動向なども、長谷川宗仁あたりから逐一、「夜久氏ルート」を通じて流されていたと思っても何ら不思議でもなくなるわけである。つまり《今後往来頼入候》で情報が「本能寺の変」の事前・事後と往ったり来たりして、諸情報のキャッチおよび的確な指令が、今様、リアルタイムで実施されていたわけである。

だから秀吉は、「備中攻め」だけにのみ掛かりきりになり高松城を水攻めで囲み、さりとて毛利軍と事を決せず、信長軍の着陣を漫然と待ちながら「本能寺の変」の情報に接したのではない。

すでに大方の軍勢が姫路に向けて引き揚げを開始している六月二日中に、「信長父子弑逆」成功の確報を得るや秀吉は、小早川隆景・安国寺恵瓊のラインに清水宗治切腹、高松城開城の詰めをさせ、四日の巳《み》の刻に実行させるや、毛利方との講和（および、起請文）を纏《まと》めさせて秀吉は直ちに東上の途につき、五日には野殿《のどの》（現在の岡山市）を走っていたのだ。

一方、高松城包囲中の秀吉軍は、黒田官兵衛・十八番中の決め技。夥《おびただ》しい旗指物や篝《かがり》火《び》の林立で装った寡兵七〜八千兵（殿《しんがり》の宇喜多軍か？）のみが残り、《我ら大軍此処に在り！》とカムフラージュして毛利軍（輝元・元春軍）を威圧していたことになる。

Q30　秀吉が偽情報を流した真の意味とは……？

さて、「Q24」で私が推定したように、「本能寺の変」をあらかじめ謀議していた秀吉はその成功を知るや、六月五日には高松を離れ野殿あたりを走りながら、「夜久ルート」を使って摂津茨木《いばらき》城主・中川清秀達に「偽書状」をせっせと書き送っていたのである。

《尚々、の殿まで打ち入り候処、御状披見申候。今日成り次第、沼まで通り申し候。古佐《こさ》へも同然に候。

是より申すべきと存ずる刻、示しあずかり、快然に候。依って、只今京より罷り下り候者、確かに申候。上様、並びに殿様、何の御別儀無く御きりぬけ候。世々が碕へ御のきなされ候て、福平左三度むきあい、比類なき働きて候て、何事も無きのよし、まず以て目出たく存候。吾らも成り次第帰城候条、なほ追ひ々々申承べく候。其のもとの儀、御油断なき御才覚専一候。

恐惶謹言

六月五日　　羽柴秀吉（花押）

中　衛兵　御返報》

（『梅林寺文書《ばいりんじもんじょ》』）

この書状は五日付で、瀬兵衛《せいべえ》（中川清秀）に宛てたものできわめて重要な一級史料だ。秀吉が高松から姫路に向かう途上、備前野殿で発信されたといわれる書状で、まず前段二行が追伸で（原文は四行目まで）、

《野殿まで引き揚げ中に貴状を拝見しました。今日はなりゆきで沼（岡山市の北東部）まで移動します、古田佐助（古田織部）にもよしなにご伝言ください》と始まる。

そして問題の個所、《こちらからも申し上げるべきところ、貴状を頂き心地良き限りです。只今、京より罷り下った者が確かに申すには、上様（信長）並びに殿様（信忠）は何の御別儀無く（支障なく）きりぬけなされ、世々《せぜ》が碕《さき》（膳所《ぜぜ》・大津市）へ退去なされて御無事であられるし、福住平左衛門《ふくずみへいざえもん》が三度戦い、その比類なき働きによって、何事も、事無きを得てまずは日出度い限りである……》と信長父子の無事を強調しているのだ。

だが比類なき奮戦をしたはずの福住平左衛門秀勝《ひでかつ》は、信長父子の御伴をして無事に見えるが、当然、二条御所で信忠と討ち死にをしていたのである。

一般的には、秀吉がこの偽情報を流すことによって味方の動揺を抑えるとともに、光秀が寄親《よりおや》（ここでは軍事組織の長のこと）である近畿管領軍の切り崩しを謀り、自陣側への参陣を呼びかける情報戦の展開が有利に運んだと主張されているようだ。

講談社刊の『週刊ビジュアル日本の合戦Ｎｏ．４　羽柴秀吉と山崎の戦い』でも、次のように記載されている。

《秀吉が流す「信長公は生存！」＝明智光秀との決戦に向け、姫路城をめざしていた六月五日、沼付近で、秀吉は摂津茨木の城主・中川清秀に一通の書状を出している。京都からの情報として、主君・信長とその長子・信忠は、本能寺の変で死んではいない。窮地《きゆうち》を脱して、膳所《ぜぜ》ヶ碕で健在である、という内容だった。もちろんこれは事実ではない。中川清秀や近隣の高槻《たかつき》城主・高山右近は、秀吉と同じ信長配下の武将だったが、光秀の配下に入っていたため、光秀の謀叛に浮足立っていた。畿内《きない》勢力の協力が必要だった秀吉は、彼らの動揺を抑えようと、あえて「偽情報」を流したのである。その効果か、十二日には清秀、右近、池田恒興が羽柴軍に合流した》

だが、「信長父子生存」の偽情報を流した秀吉の真の意図は奈辺《なへん》にあったのかが問題で、かような通り一遍の理解では、秀吉の陰謀の真意は到底読み取れないのだ。

Q31　さらに偽情報から明らかになった真犯人は［秀吉］

一口に「偽情報」と言っても、二通りの「偽書状論」が存在する。

本人とは別の人間が書いた、いわば捏造《ねつぞう》された手紙と、本人が書いてはいるのだが内容が虚偽の手紙である。

六月二日付で光秀が発給したとされる、前述の「もだしがたき遺恨を持ち、本能寺において信長親子を誅し、素懐を達し候」と書かれた『別本川角太閤記』のものと、『武家事紀』所収の『西尾光教への大垣城受け渡し要請文』の二通は、前者である。

特に『別本川角太閤記』収集の資料は、川角三郎右衛門が事変四十年後の元和八年（一六二二）頃に『川角太閤記』として纏めたもので、俗書として定評があり、しかもいずれも光秀の自筆の筆跡のものとは縁遠い（＊『川角太閤記』と『明智軍記』が定評のある悪書であることは、後程詳述したい）。

一方、今問題にしている六月五日付で秀吉が発給した、清秀宛ての『梅林寺文書』は後者であり、れっきとした秀吉の自筆文であるが、内容が偽の情報である。

問題は、なぜこんな偽情報を堂々と流せたかという点にあるのだ。

通常この「偽書状」は、事実を隠して摂津の武将達へ秀吉方に味方するように、せっせと書き送った書状として認められている。

だが、この「偽情報」が内包する真意、すなわち「信長父子を今しばらく生存させてお

く」という秀吉の計略はまったく理解されていないようだ。たとえば中川清秀から、

《とんでもない、秀吉殿！　上様の御首級《おしるし》はもうすでに洛中に晒《さら》されておりますぞ！》

という連絡が来たのでは、さまにならない。

つまり、これだけの「信長父子生存」の確固たる偽情報を流せるということは、取りも直さず、《信長父子の遺骸《いがい》は絶対に見つからない！》という自信の裏付けが、秀吉にあったからに他ならない、と結論づけられるのだ。

すなわち、信長父子を自分の 掌《てのひら》 の内で処理したという確信なくしては、決して流せるような偽情報ではないのだ。だからこそこの中川清秀宛ての書状は、きわめて貴重な史料となるのである。

さらに、この秀吉の書状には、もう一つ重要な解釈が存在する。

もし織田信孝・丹羽長秀辺りがいち早く、信長追悼《ついとう》の旗揚げをして、中川清秀・高山右近・池田恒興・細川藤孝・筒井順慶など、光秀の与力《よりき》（寄騎）衆が、「光秀追討」の陣に参加してしまっては、秀吉にとっては元も子もなくなってしまうのだ。

もちろん信長父子が死んだことも、やがては織田家中の知るところとなるであろう。だが、信長父子をはじめ福富平左衛門には、今しばらくは生存していてもらい、とにかく

「秀吉先陣」の光秀追討劇まで時間稼ぎをする、という意図を併せ持っていたのだ。

つまり秀吉が先頭に立って直接光秀と対決するまで、他の武将に旗揚げをされては困るのだ。それでは信長の後継者としての意義が薄くなってしまうからでもあり、せっかく苦労して信長父子を弑逆した努力が、すべて水泡に帰してしまうからである。

そこで、この清秀宛てと同様の「偽書状」が、高山右近・池田恒興ら、特に織田信雄《のぶかつ》にも発信されていたと思われるのだが、何よりもこの突発的な事変で情報が入り乱れる状況下にあって、信長父子の遺骸が未発見の段階においては、他者による「弔《とむら》い合戦」を抑える効果的な役割を果たしたわけである。

つまり単なる自陣への誘降のためだけの「信長父子生存」の偽情報を流した……と片付けるにしては、深謀遠慮で鳴る「秀吉の陰謀」に対してお粗末すぎるのである。

（＊織田信雄の件に関しては、「安土城炎上」の項で詳述したい）

Q32　なぜ中川清秀は、光秀を差し置いて秀吉に書状を送ったのか？

ところでこの書状は、実は中川清秀から受け取った書状への返書だったのである。

となると、明智光秀配下の与力（寄騎）である清秀が、寄親である光秀を差し置いてなぜ秀吉に書状を送っていたのかが、大きな問題になってくる。

清秀は本来、同じ光秀配下の寄騎である高山右近や池田恒興などと、いずれかの地で合流し、光秀の指揮下でまさに高松に進軍しなければならなかったのである。

そこで一般論としては、

《明智光秀が謀叛を起し信長が襲われたという報は、噂として諸将に伝わった。しかし、誰もがどう状況を判断して、どのように行動すべきか、戸惑うばかりだった。その一人が摂津茨木城主・中川清秀で、清秀は備中高松に在陣している羽柴秀吉に書状を送り、意見を求めた……》（小学館刊『新説中国大返し』）ということになるのである。

だが天下の明智光秀も、だいぶ見縊《みくび》られたものだ。目下のところは暫時軍事休暇中の近畿管領軍だが、ここ数年、生死を共にして戦って来た親分である光秀を差し置いて、子分の清秀が、こともあろうに他の軍団の親分である秀吉に身の振り方を相談したというのだが……それは、かかる事変の一連の行動目録として、秀吉はあらかじめ何らかの接触をこの摂津三人衆に試みていたとしか考えられない……秀吉の俊敏さではないだろうか。

かくしてこの『梅林寺文書』が奏功して、「山崎の戦い」で大勝利を収めた秀吉は、逆臣・明智光秀を滅ぼした実績を掲げて〔清洲会議〕の主宰の他、並居《なみい》る織田信雄・信孝を尻目に、京都・紫野大徳寺の塔頭《たつちゅう》・総見院《そうけんいん》で自分の養子・於次丸秀勝《おつぎまるひでかつ》（信長・五男）を喪主に仕立て、秀吉もさながら葬儀委員長を務め、信長の葬儀を天正十年十月の初めから半月にわたって盛大に執り行なっているのである。つまり秀吉が、信長の後継者であることを天下に知らしめるための葬儀だったのである。

信長には、れっきとした二男信雄・三男信孝という後継者がいるのにもかかわらず、「本能寺の変」勃発以来この方、秀吉が織田家再興のために動いた気配はまったく見当たらない。ただひたすら己の天下掌握へと邁進《まいしん》し続け、いよいよ「賤ヶ岳の合戦」で柴田勝家を破り、「天下盗り」へ王手を掛けたのだ。

この『梅林寺文書』の持つ意義の重要性を要約すると、以下のようになる。

六月二日に、「本能寺の変」が起きる。光秀を追討する「弔い合戦」のために、秀吉は一万七千の兵を率いて一刻も早く東上し、光秀の防御の不備を衝《つ》かねばならない。

しかも一番早く東上して「弔い合戦」の名義人となり、ポスト信長の後釜に坐るべく最優先権を先取しなければならない。

それには目下対峙している毛利軍（小早川隆景）の協力が必要であり、その手立てとして、秀吉政権樹立後の毛利家の安堵《あんど》を約《やく》すことによって、世に言う迅速な「中国大返し」を、秀吉ならではの姦計を以て敢行しなければならない。またそのためにも摂津三人衆を調略《ちょうりゃく》して、味方に引き入れることが肝要である。

それ故に、この『梅林寺文書』の有効価値が存在するのである。信長生存の偽情報を流すことによって、上記の企てが成功する環境が盤石《ばんじゃく》なものになる。

さらに、光秀の姻戚関係にある細川藤孝、また恩顧《おんこ》を蒙《こうむ》っている寄騎・武将達（筒井順慶や山岡景隆《やまおかかげたか》など）も含めて光秀から離反もしくは隔離（中立）させなくてはならない。しかも「信長父子弑逆」は自分の掌《てのひら》の内で処理済だから、「信長父子生存」をいくら書き立てても一向に不自然さはなく、もとより遺骸は絶対見付からないわけである。

それらを一気に行うための手段が、『梅林寺文書』だったのである。改めて秀吉の権謀術数ぶりに愕かざるを得ないのだ（＊また後述するが、勢多城主・山岡景隆には瀬田大橋を焼かせ、事変当日の光秀の安土入城も阻止している）。

さてこの辺で秀吉の陰謀はさて置き、なぜ信長がいとも容易《たやす》く本能寺に誘《おび》き寄せられたのかという疑問に迫ってみたい。すなわち「本能寺の変」の始まりである。

第3章

本能寺の変の始まり

Q33 ［大名物《おおめいぶつ》茶道具］を携えて本能寺入りしたのはなぜか

信長は死の前日、［本能寺茶会］を開いている。ただし「本能寺の変」においては、［本能寺茶会］なる概念は通説化していない。つまり、私の造語ということになるだろう。

しかしこの［本能寺茶会］は、きわめて重要な一要因を内包している。

なぜ織田信長は天正十年（一五八二）五月二十九日の大雨の中、わざわざ三十八点もの［大名物茶道具］を安土城から搬《はこ》んだのか。そしていかなる［茶会］が催されたのか。

これから毛利征伐に赴《おもむ》く信長が、なぜイエズス会のフロイスのいう「日本の国家予算の半分にも値する名器の数々」を相携えて本能寺入りをしたのか。

ちなみに［大名物］とは、名物中の最古最貴の茶器のことで、主に当時の中国（明《みん》）から伝来した［唐物《からもの》］と称され、利休《りきゅう》時代の［名物］とは一線を画するものである。

私は本来茶道研究家であって、茶道全般の他、特にこの大名物茶器の研究を始め、その各々の茶器の伝来とその経緯を辿《たど》るうちに、織田信長が「名物狩り」と称して蒐集《しゅうしゅう》した約二百七十七点にも及ぶ膨大《ぼうだい》なコレクションにでくわし、さらなる研鑽《けんさん》を進めてみた。

そして、この「本能寺茶会」が持つ不可思議な因縁に気付き、またさらに深く掘り下げてみると、そこには大きな陰謀が仕組まれていることを割り出したという次第なのだ。

Q34　本能寺茶会の相手は「公卿衆」ではなかった

さて天正十年三月、念願の宿敵・武田家を滅亡させた織田信長に残る敵は、東に北条《ほうじょう》家・上杉家。そして西の大名・毛利家を討ち果たせば四国・九州制覇はもう時間の問題で、いよいよ、念願の「天下布武」の達成も目前となっていた。

同年五月十七日、毛利攻めの羽柴秀吉から援軍要請の早馬が到来し、《このたびこのように敵と間近く接したのは、天の与えたよい機会であるから、みずから出兵して、中国の有力な大名どもを討ちはたし、九州まで一気に平定してしまう》(『信長公記』榊山潤訳)

と決意した信長は、その遠征に先だって五月二十九日、三十八点の「大名物茶器」と僅かの供廻《ともまわ》りだけで急遽《きゆうきよ》上洛して本能寺に入り、未曾有《みぞう》の大事件に巻き込まれたのである。

その詳細は、

《御小姓二、三十名召列《めしつ》れられ、御上洛、直ちに中国へ御発向《ごはっこう》なさるべきの間、御陣用意仕候て、御一左右《ごいっそう》次第、罷《まか》り立つべき旨御触れにて、今度《このたび》は御供これなし……去程《さるほど》に不慮の題目出来《しゅったい》して……》

（信長公はお小姓二～三十名を連れられて御上洛。直ちに中国へ行く前に、陣立ての準備をし、［御一左右《ごいっそう》次第］すなわち、［余からの命令］あり次第出立せよとの御触れで、この度《たび》は、付き添う軍勢が無かったために突発事項に遭われた……『信長公記』）となるので、当然、明智軍などは京都周辺にまだ駐留していたことになる。

ところが翌六月一日の雨の中、信長入京祝賀の名目で公卿衆約四十名が大挙して表敬訪問して来た。そしてこの公卿衆相手に［本能寺茶会］を催したと通説になっているが、まったくの誤りである。しかも愕くべきことに、茶道の大専門家でもある桑田忠親氏さえもがこの説を肯定されている。

すなわち桑田氏は、

《本能寺書院で安土から運んだ三八種の名物茶器を披露する茶会が開かれた……正客《しょうきゃく》は近衛前久《このえさきひさ》で、筑前博多の豪商神谷宗湛《かみやそうたん》・島井宗叱《しまいそうしつ》（宗室）も招かれていたらしい……》

とはっきり記しているが、その誤りの根拠を申し上げる。

・この公卿衆・大陳情団の中に、山科言経《やましなときつね》という公卿がおり、その日の彼の日記『言経《ときつね》卿記《きょうき》』にはっきりと「進物被返了」（進物はすべて返された）とある。つまり、信長は公卿からの進物をすべて断った。すなわち招かざる客への「面会謝絶」の宣言そのものだ。その面会謝絶の公卿衆を相手に茶会を催すこと自体があり得ないのが道理である。

・茶会に関白近衛前久や、博多商人が同席していたとあるが、殿上人と地下人《じげにん》が同席すること自体もあり得ないことである。

・陰暦六月一日はすでに盛夏であり、京の夏は蒸し暑く、昼日中の茶会はあり得ぬことで、「朝茶会」でなければならない。

またこの時点では、まだ公卿衆には「茶の湯」の嗜好《しこう》がなく、さしもの［大名物茶器］も公卿衆にとっては、さしずめ「猫に小判」か「豚に真珠」の類《たぐい》であったはずである。

この大陳情団たる公卿衆は雨の中、向こうから勝手に押しかけて来たのであって、面会拒絶にあっているので、その目的はまったく不明だ。なにしろその翌日、信長父子は遺骸すら遺さず、この世から完全に消滅してしまっているのだから。

明らかなのは、次の事柄である。

・「今度《こたび》、関東討ちはたし候物語ども申され候……」と、この年三月の武田勝頼《かつより》討伐の軍功を、信長は自慢げに上機嫌で公卿衆に語っている。

・こん度の中国征伐は、「西国の手づかい（毛利との合戦）、四日出陣申すべく候。手立て、雑作あるまじき事……」とも公言している。

・再度「改暦問題」を採り上げて、勧修寺晴豊《かじゆうじはれとよ》という公卿を憤慨《ふんがい》させている（十二月の閏《うるう》の事申出、閏有るべき由申され候、いわれざる事也、これ信長むりなる事と各申事也）。

最後の「改暦問題」について補足すると、信長は当年天正十年（一五八二）十二月に、閏月を入れるよう命じていた。禁裏が管轄する「宣明暦《せんみようれき》」（京暦）では翌十一年（一五八三）正月の後に閏月を入れることになっていたが、信長は、東国で流布されている「三島暦」や「尾張暦」に基づいて主張していたのである。

また『言経卿記』には、「数刻御雑談、茶子・茶有之、大慶々々」とあるが、いくら不意の客衆とはいえ相手はれっきとした公卿衆でもあり、数刻も雑談をして粘られたのだから、軽いお凌《しの》ぎとして「松花堂弁当《しようかどう》」のような粗餐《そさん》と酒が軽く振る舞われた後に、お茶が出されたのであろう。

だが決して「茶会」ではなかったはずであるし、むしろ件《くだん》の三十八点の「大名物茶器」さえも、さして価値のわからない公卿衆には、あえて誇示はしなかったことであろう。

Q35 「茶会」、本当の客は博多の豪商茶人だった！

ではなぜ三十八点もの「大名物茶器」を大雨の中、わざわざ安土城から搬んで来たのか。その理由は実に明白である。すなわち博多《はかた》の豪商茶人・島井宗室とその義弟の神谷宗湛に披露する茶会を催すためである。

二人は博多の豪商茶人であり、しかも島井宗室は大名物茶入《ちやいれ》「楢柴肩衝《ならしばかたつき》」の所有者として、つとに著名な茶人だった。

信長はその名物狩りですでに「初花肩衝《はつはな》」と「新田肩衝《につた》」を所持していたのだが、この「楢柴肩衝」を入手すると天下三大・大名物茶入が揃うことになり、まさに信長の垂涎《すいぜん》の的の「茶入」だった。

そもそも「茶入」が茶道具の中でも一番最高位の物とされ、大方は「肩衝《かたつき》」、「茄子《なす》」、「文琳《ぶんりん》」、「その他」などに大別できるが、なかんずく「肩衝」がその第一であり、「初花肩衝」、「新田肩衝」、そしてこの「楢柴肩衝」という銘のある三器をこの時点で揃って所持した者はおらず、今回この「楢柴肩衝」さえ入手すれば、信長こそが天下に隠れもなき最初の大茶人に成り得たのだ。

Q36 まさか、たかが「茶入」一個で！

さてここで私の荒唐無稽な言いように、若干の弁明を試みさせて頂きたい。先般の拙著『本能寺の変・秀吉の陰謀』（祥伝社）で、この「本能寺茶会」の絡繰《からく》りに関して縷々《るる》と記述したのであるが……同学の大先輩である著名な評論家から、《傾国の美女ではあるまいし、信長ほどの者が、たかが茶入れ一個で！……》と大叱責を頂いたのである。

ところが信長の垂涎の的であった「楢柴肩衝」は、まさに傾国の美女だったのである。

結果的には信長からの難を脱した「楢柴肩衝」は、さらに深く島井宗室の秘蔵するところとなったのだが……一難去ってまた一難、まだ天敵が二人居たのである。

豊後の大友宗麟《おおともそうりん》もかねてからこの「楢柴肩衝」に横恋慕《よこれんぼ》をしており、宗室に激しく譲渡を迫り、六千〜一万貫を提示したが、宗室はかたくなに固辞していたのである。

一方、宗麟の仇敵である筑前の秋月種実《あきづきたねざね》も同じくこの「楢柴肩衝」に恋い焦がれており、再三その譲渡を迫るも一向に埒《らち》が明かず、痺《しび》れを切らした種実が、博多圏の商権を楯に取って、宗室から強奪したのである。

これを知って怒髪天《どはってん》を衝《つ》く大友宗麟は、秋月城を攻めてここに有名な「楢柴・争奪戦」が始まり……形勢不利な秋月種実は島津義久《しまづよしひさ》に通じて、連合軍として逆に宗麟を攻め立てたのである。

慌てた宗麟が豊臣秀吉の許に救いを求め上洛し、ついに秘蔵する「新田肩衝」を献上する破目になるのだが……ここで宗麟の有名な書状、《内々の儀は宗易、公儀の事は宰相（秀長）存じ候……》の件《くだり》となるのである。

だがその後の九州攻めで、この「楢柴肩衝」も結局は太閤の手中に収まり……かつ秀吉の政権確立を祝って徳川家康が献上した「初花肩衝」も併せて、天下の三大・大名物肩衝が、初めて太閤秀吉の許に集まったのである。

ささて信長を狂わせ……なおかつ名だたる戦国大名の大友宗麟、秋月種実の二人を本気で争わせたこの「楢柴肩衝」は、はたして《たかが、「茶入」一個で！》と決めつけられる物であったのだろうか……さすがは秀吉の陰謀にふさわしい［生贄《いけにえ》］である。

（＊また蛇足になるがこの三十八点の大名物茶器の内の「珠光茄子《じゆこうなす》茶入」に、滝川一益も恋い焦がれ、「武田攻め」の軍功にと高望みをするが、敢無《あえな》く信長に一蹴される件《くだり》もあり……また松永久秀《まつながひさひで》も信長に謀叛して信貴山《しぎさん》城が囲まれ、久秀所有の名物釜「平蜘蛛《ひらぐも》」を差し出せば助命するとの申し出にも拘《かか》わらず、《おめおめ信長の手に渡るぐらいならば……》と、己が首に巻きつけて爆死したという……戦国武将にとっての名物茶器は、まさに一国一城にも値するとともに、何かクレイジーにさせる魔力があったのである）

閑話休題……本題をまた［本能寺茶会］に戻したい。

Q37 ［本能寺茶会］は、一度は中止になっていた

信長はまず天正十年の正月二十八日、島井宗室と茶会という名目で、その折衝を企てていたのである。では島井宗室とは一体何者なのか……宗室のプロフィールを『原色茶道大

辞典』（淡交社）で見てみると、
《天文八年～元和元年、博多の豪商。酒屋土蔵を業とし、貿易商人として巨富を積み、大友氏をはじめ北九州の大小名らと結び、大友氏の御用商人である堺の天王寺屋道叱らと交遊し、天正八年には堺に上り津田宗及ら堺衆と茶の湯を交歓、すでに羽柴秀吉に面識を得たらしい。楢柴肩衝の所蔵でも知られる。信長や明智光秀にも召された。本能寺の変には信長に随伴していたともいわれる。利休の出世により、これに親近したが、天正十五年の九州の役には親戚の神谷宗湛と共に秀吉に献身、博多復興の衝にあたって両名に市政が委ねられた。（以下略）》とある。（傍点引用者）

さて信長の信任厚い堺の代官・松井《まつい》有閑《ゆうかん》が正月十九日付で堺の茶人達の塩屋宗悦《しおやそうえつ》、銭屋《ぜにや》宗訥《そうとつ》、津田宗及らに宛てた書状がある。

《来る二八日、上様、御上洛なされ候。御茶の湯のお道具持たれ、京都においてお茶の湯成され、博多の宗叱（宗室）に見せさせられるべき由、昨十八日仰せ出され候》とあって、お前たち堺衆もよかったら連れ立って上洛するように、と書かれていた（『島井文書』）。

島井宗室は、天正八年（一五八〇）頃からしばしば上方の茶会に席入りする機会が多くなり、山上宗二《やまのうえそうじ》、津田宗及を始め当時の著名な茶人、特に千宗易（利休）とは昵懇《じっこん》の間柄だった。だから信長から、わざわざ秘蔵の名物茶器を京都まで搬んで見せてもらえるほどの大茶人になっていたのであろうか。

いや、信長にとっては三大名器の一つ、あの「楢柴肩衝」を所持するがゆえに、宗室に大いなる関心を持っていたのだ

つまり信長は正月の茶会で、「楢柴肩衝」の譲渡を画策していたのだ。ところがこの信長の茶会は何らかの理由で沙汰《さた》やみ、中止になってしまった。

その理由としては、「武田攻め」の一大極秘作戦が急遽持ち上がって来たからでもあろう。

この事実は京都吉田《よしだ》神社の神主・吉田兼見《かねみ》（兼和）卿の日記『兼見卿記《かねみきょうき》』（天正十年正月の条）に、

・二六日、乙酉、京都所司代・村井貞勝訪問。二八日信長様御上洛の由。
・二八日、丁亥、信長様の御上洛が延期されたとの由。

とあることからも充分に裏付けられている。

ところが島井宗室は天正十年の正月二十五日に、明智光秀の［朝茶会］に招かれている。場所は坂本城の茶室で、招かれたのは島井宗室と津田宗及の二人（『天王寺屋他會記』）。

床には、四方盆《よほうぼん》に肩衝茶入を載せ、炉は使わず風炉を使っている。これは信長から拝領した［平釜《ひらがま》］を据えるためで、どうやらそのお披露目の茶会だったらしい。光秀はその平釜拝領の経緯を得意そうに話したことであろう（「本能寺の変」が四カ月後に迫っていながら、まだ光秀には謀叛の意志がなさそうだ）。

後座《ござ》には、床に藤原定家卿《ふじわらさだいえ》の色紙《しきし》が掛けられ、前には硯《すずり》と文台が置かれ、光秀の歌道に対する深い素養が窺《うかが》える。

やがて霜夜天目《しもよてんもく》で濃茶《こいちゃ》が、続き薄茶《うすちゃ》が高麗《こうらい》茶碗で、いずれも光秀の点前《てまえ》で点《た》てられ客二人が服した。お茶が過ぎて光秀秘蔵の葉茶壺「八重桜《やえざくら》」が持ち出され、宗室、宗及ともどもこれを愛《め》でて、正月末の茶会が静謐《せいひつ》の裡《うち》に了《おわ》っている。

つまり島井宗室をわざわざ招いた［光秀茶会］のもう一つの理由として、信長が反故《ほご》にした宗室への画策を、今後に繋《つな》げるためということも充分に考えられるのだ。

Q38 「茶入」こそが、信長を京都に誘き出す罠だった!

さてこんな折に、島井宗室が五月中旬から京都に滞在しており、六月初旬には博多に向けて京都を後にする旨の情報が、信長の許にもたらされた。

信長にしてみれば、玩具屋の前で物をせがむ小児さながら、宗室在京のこの機を逸したら当分「楢柴肩衝」入手の機会が遠のく、という焦りがあり、なんとしても宗室に逢いたい。だが初対面の博多の豪商に、「余の上洛まで待て」とは、いくら信長にしてもまだ言えない。とにかくこちらから逢いに行くしかない。

折から「家康饗応《きょうおう》中」の五月十七日、援軍を要請する羽柴秀吉の早馬により「天下布武」達成の最後の決戦たるべく、西国制覇のため自らも軍勢を率いての出陣を決意したところでもあり、明智光秀・筒井順慶の軍が上洛する前に一足早く京都に赴いて、ぜひとも「楢柴肩衝」の話だけは付けておきたい。そのため千宗易から島井宗室に連絡をさせ、《六月朔日なれば、上様の御館に参上仕《つかまつ》る》との確約を得たのであろう。

かくして信長は、安土城から三十八点の［大名物茶器］を搬んで「楢柴肩衝」の茶入欲しさに五月二十九日の大雨の中、もっとも無防備な形で、本能寺に入ってしまったのだ。

この事実は、単なる推論ではない。三十八点の［大名物茶器］に関して、「本能寺の変」より十一年後の文禄二年（一五九三）堺の茶人・宗魯《そうろ》によって筆録された『仙茶集《せんちゃしゅう》』の中に、【島井宗叱（宗室）宛て長庵の道具目録】が収録されており、その冒頭に［京ニテウセ（失せ）候道具］とあって、以下、件《くだん》の三十八点が記載されている。

・作物《つくも》茄子《なす》（九十九茄子）・珠光《じゅこう》茄子・円座《えんざ》肩衝・勢高《せいたか》肩衝・万歳《ばんぜい》大海・紹鷗白天目《じょうおうはくてんもく》・犬《いぬ》山灰被《やまはいかつぎ》・松本茶碗《ちゃわん》・宗無《そうむ》茶碗・高麗茶碗・珠光茶碗・数の台二つ・堆朱《ついしゅ》の龍の台・趙昌《ちょうしょう》筆の菓子の絵・古木《こぼく》の絵・小玉澗《ぎょくかん》の絵・牧谿《もっけい》筆くはいの絵・牧谿筆ぬれ烏の絵・千鳥香炉・二銘《ふたつめい》の茶杓・珠徳《じゅとく》作の浅茅《あさじ》茶杓・相良《さがら》高麗火筋《ひばし》　同鉄筋《てっぱし》・開山火屋《ほや》香炉・天王寺屋宗及旧蔵の炭斗《すみとり》・貨狄《かてき》の舟花入・蕪《かぶら》なし花入・玉泉《ぎょくせん》和尚旧蔵の筒瓶《つつへい》青磁花入・切桶《きりおけ》の水指・柑子口《こうじくち》の柄杓《ひしゃく》立・天釜《てんがま》・田口釜・宮王《みやおう》釜・天下一合子《ごうす》水翻《みずこぼし》・藍《らん》香合・立布袋《たちほてい》香合

（＊事変後焼け跡から、「作物茄子」と「勢高肩衝」の二点が拾い出され現存している）

そして結びに、差出日「六月一日」、差出人の楠木長庵《くすのきちょうあん》の在判で、「三日月、松島、岸の絵、万里江山、虚堂智愚《きどうちぐ》の墨蹟、大道具に依って安土に残置候。重ねて拝見仰付らるべく候」とある。つまりこの『仙茶集』を信じる限りにおいては、信長が島井宗室に披露するためにわざわざ安土から、この三十八点の「大名物茶器」を搬んだことがはっきりとわかるのだ。

そして「三日月、松島の葉茶壺、虚堂智愚（中国南宋の臨済宗の高僧）の墨蹟などは大道具なので今回は安土に残して来たが、またの機会に見せるであろう」と約束してもいる（＊差出人の楠木長庵は、南朝の忠臣・楠木正成《まさしげ》の後胤《こういん》という家譜を持ち、信長の側近中の側近ともいわれ、祐筆《ゆうひつ》役を務めた人物である）。

Q39 「本能寺の変」の司令塔は、京都の茶人

三十八点の「大名物茶器」をわざわざ安土から持ち込んだ事実だけを知ると、どうしてもこの四十余名の公卿衆への茶会に振り当ててしまう。だがこの表敬訪問は、前述のとおり公卿衆が一方的に押しかけて来たものである。

六月朔日はもうすでに真夏であり、当時の慣習としては当然［朝茶会］であったはずだから、島井宗室、神谷宗湛たちが目も眩《くら》むような名器を前にして十二分に茶会を堪能した後に、この公卿衆が押しかけて来たことになるのである。

また名器類を仔細《しさい》に見ると、茶入（六点）、茶盌（五点）、掛軸（五点）、花入（三点）、水指（三点）、釜（三点）など複数化しているので、宗室・宗湛両名を招いての茶会に仕組んで荘《かざ》る道具立（実際の茶事に使う物）と、拝見させるために飾る茶器類に当然分けていたのであろう。

また島井宗室は名うての豪商だから、信長に見込まれた「楢柴肩衝」は、《上様の天下統一のお祝いに、御献上仕る》という次第で献上を約し、代わりに博多商圏の利権なり、名器の寄贈に与《あずか》ったりしたことであろう（「楢柴肩衝」は持参してはいない）。

ところで一体誰がこの［朝茶会］の茶頭《さどう》（点前などの一切の振る舞い）をしたのであろうか。

信長の三人の［御茶頭《おさどう》］のうち、今井宗久、津田宗及の二人はちょうどその日は堺にあって、賓客《ひんきゃく》の徳川家康、穴山梅雪《あなやまばいせつ》一行の接待におおわらわであった。

『天王寺屋自會記』や『宇野主水《うのもんど》日記』によれば、家康一行は今井宗久宅で〔朝茶会〕に招かれ、日中は津田宗及宅で〔茶事〕を行っているのだ。

そして残る一人の千宗易は、なぜかしばらくの間行方不明になるのである。つまり三人とも、体裁よくクーデターの難を避けていたことになる。

そこで茶頭として考えられるのが、長谷川宗仁である。この宗仁が〔本能寺茶会〕に居合わせた可能性は、非常に高いといえる。なぜならば信長に仕えつつも、「本能寺の変」を羽柴秀吉に真っ先に通報したというのが通説化しつつあり、しかも後年は秀吉の寵臣《ちょうしん》になったという御仁《ごじん》だからである。

かつまた「本能寺の変」の秀吉の陰謀には、欠かせない人物の一人だからである。

この長谷川宗仁の経緯については前述したが、当日、信長の周辺に伺候して、信長の本能寺在泊の確認およびその警護態勢もつぶさに秀吉方に報告し得る、「本能寺の変」の実行司令塔もしくは「情報統括者」として機能する、欠かせない役割を担っていたと思えるからだ。

かくして島井宗室、神谷宗湛を招いての〔本能寺茶会〕も無事に御開きになるや、この長谷川宗仁は六月一日の夕刻までには、巧みな口実で本能寺を辞していたことであろう。

一方通説ではこの宗室、宗湛の両名は、その晩も本能寺に宿泊して翌払暁《ふつぎょう》、事変に巻き込まれたという。しかし、強《したた》か者の両人のこととて宗室は床に掛かっていた空海《くうかい》筆の『千字文』を、また宗湛は、牧谿筆の『遠浦帰帆図《えんぽきはんず》』を相携えて脱出したとまことしやかに伝えられている。万余の明智軍が取り囲む本能寺からよくもまあ無事に脱出できたことと不思議に思われる。

あろうことか門外では明智光秀が、《坊主、達者でおじゃれよ！》と、法体《ほったい》の入道姿の島井宗室に向かって馬上から声をかけて逃がしたとも言われているのである。

これでは宗室が、「本能寺の変」の情報を光秀にもたらしたかのごとくである。

かくしてこの「本能寺の変」で信長は、執心していた「楢柴肩衝」を囮《おとり》にされて儚《はかな》くも散華《さんげ》して逝《い》ってしまったのである。

Q40　千宗易の不可解な動き

では一体誰が宗室、宗湛の二人をこの茶会に招くコーディネーターの役割を果たしたのであろうか。そしてこの無防備な空間が、たまたま偶然にできたのか。はたまた周到緻密《ちみつ》な計画の許に煉《ね》られたものなのか。

これらは、「本能寺の変」の真相を解く最大の鍵であると思われる。

そして信長の「御茶頭」のうちの二人、今井宗久、津田宗及は時あたかも賓客・徳川家康一行の饗応におおわらわだというのに、肝心のもう一人の「御茶頭」である千宗易すなわち千利休の動向は、まったくわかっていないのである。

平成十四年、私が京都に出かけた折、『千利休特別展』を観るために野村美術館に足を運んで、「少庵《しょうあん》宛て消息文」の前に立った時、思わず背筋に戦慄《せんりつ》が走ったのを今でも鮮明に覚えている。少庵とは、利休の養子である。

この消息文が、私の「本能寺の変」検証の観念を一変させた。

一方、『読売新聞』のコラムでも、「千利休直筆の手紙」「本能寺の変の五日前」「戦国時代の第一級史料」「息子宛て・政治の動きに強い関心」などという見出しで、*《利休研究家らは、「変直前の動きを伝える生々しい記録と同時に、利休が政治面に強い関心を示すなど当時の利休像をさぐる第一級の新史料になる」と評価している》と書かれていた。この消息文は大阪市内の実業家が所有していたが、野村美術館の手で発見され、同館に展示されたのである（＊「五日前」は誤りで、「三日前」）。

早速解明に当たると、

殿様不被成　御下向候付而我等式を初南北名々力をうしなひ候　茶湯失面目　かえすがへす御残多次第　御残多次第　恐々謹言　追伸　上様御成御上洛候旨承候　播州いかが候哉　聞候事候者早々可承候　以上　五　二八日　宗易（判）　小庵参る

（予定されていた殿様（信忠）が、堺に御越しになられないというので、私はじめ堺衆は力を失い、準備していた茶会も無駄になり、返す返すも残念、無念である。
追伸　上様（信長）御上洛との由、承った。播州（秀吉）はどうなっているのか？
情報が判り次第、早々に連絡を請う……）

以上の書状を少庵に出して以来、千宗易の名は確実な史料にはまったく登場していないのだ。三日後にはとてつもない大事変が勃発しているというのに、宗易のこの永き不在はどういう意味合いを持っていたのであろうか。

千宗易はこの二十八日の時点で、翌二十九日の信長上洛の予定を確実に入手していたことになり、少庵からもさらに念を押されているかのようである。

もとより宗易は信長の信任も厚く、しかも近侍《きんじ》していたので、信長の行動予定も耳に入りやすかったであろうことが推測されていたのかも知れない。この極秘事項（「本能寺茶会」）を宗易が知っていたことだけは、紛れもない事実である。

ところがさらに不可解なことがある。

「秀吉は、どうしているのか？　情報がわかり次第、早々に連絡を請う……」と、なぜ秀吉からの情報を欲しがるのだろうか。もしくは秀吉からの何か指令を待っていたのだろうか。それとも宗易が何らかの緊急事項を発信して、その指示を待っていたのだろうか。息子少庵は、その伝令役を受け持っていたのであろうか。

秀吉といえばいわずもがな、京都から約二百キロ離れた備中高松の地で目下「高松城水攻め」の真っ最中であり、しかも毛利軍五万の大軍に逆包囲され信長に早馬で援軍を請うている状況で、信長も島井宗室との「本能寺茶会」が済み次第、六月四日頃京を出立して毛利攻めに向かう予定であるというのに、どうしてこうも執拗に、秀吉の情報を気遣うのであろうか。

ここにこそ「本能寺茶会」を設《しつら》え、信長を本能寺まで誘《おび》き出す仕掛けが垣間《かいま》見られる。

この少庵宛ての書状は確かなものだから、《織田信忠が五月二十五日の前後に堺を訪れ茶会を催すことになっていたが、急遽、信長上洛の警備に当たるため取りやめになってしまったので、この書状を少庵に出した後、宗易はがっかりしてその後消息不明になってしまった……》というのだ。

やがて宗易は六月十日前後にやっと尼崎《あまがさき》で、中川清秀（茨木城主）と会っていたという史料がある。中川清秀といえば、秀吉が高松から京都へ向かう途上の六月五日付で問題の「返書」（秀吉の偽書状）を受け取った武将であることは前述した（『梅林寺文書』）。

その文中、《古佐（古田織部）にも宜しく伝えられたい》とある。この織部は、清秀の義弟であった。しかも後年［利休七哲《しちてつ》］の一人になる武将である。ということはさしずめ、宗易はこの織部に会いがてら、清秀の秀吉方参陣の駄目押しに行ったのであろうか、という実に意味深長な成り行きであるといわざるを得ないのである。

Q41 信長上洛は、トップシークレットだった

信長の、僅かな供廻りだけでの上洛は当然極秘事項であって、それを知り得る輩《ともがら》といえば、信長上洛の通達を受けた信長周辺のごく限られた者達、そしてこの「本能寺茶会」を姦計《かんけい》をもって設《しつら》えた者達だけである。もし光秀が知り得たとしても当然、一千は下らない兵を擁しての上洛と思ったことであろう。

またこの五月二十九日は、主だった公卿衆が信長の上洛を迎えるため山科《やましな》まで出向いて数刻待ったが、午後から大雨で、《御出迎え御無用》と御乱《おらん》（森成利《なりとし》＝通称森蘭丸）からの先触れがあったので急ぎ帰っている。《信長様は午後四時頃御上洛》と『兼見卿記』にも記載されているが、これは京都所司代・村井貞勝から「朝廷」に通達があってのことで、この公卿衆も最低限二、三千の兵を従えての上洛と予定していたはずである。

よもや三十数騎での上洛とは、誰も夢想だにしなかったことであろう。

信長は元亀元年（一五七〇）五月二日、千草《ちぐさ》山中で杉谷善住坊《すぎたにぜんじゅうぼう》による狙撃未遂という難を危うく逃れ、その後は自らの行動計画に異常なまでの警戒網を敷いて来たが、天正十

年のこの時点ではもう近畿に敵はなく、京都はまさに信長の庭みたいなものだった。

そして念願の「本能寺茶会」が無事に済んだら、迎合した明智勢・筒井勢を率いて六月四日に京を出立し、毛利攻めの途上、摂津衆（中川清秀・高山右近）、兵庫衆（池田恒興）、丹後衆（細川藤孝・忠興）など各々約五、六千の兵が合流して、三万有余の陣容となる予定であったと思われる。

（＊明智勢を高松に先発させたと通説はいうが、誤りである。「Ｑ７」参照）

ちなみに、この「本能寺茶会」が、最初に予定されていた正月にそのまま実施されたとしても、「本能寺の変」は勃発していなかったであろう。その状況設定が、六月とはまったく異なっていたからだ。武田家はまだ滅亡していなかったし、信長もまだ［天下布武］への王手を掛けていない状態だった。肝心の羽柴秀吉にしても、中国方面司令官として中国入りをしておらず、秀吉による信長暗殺の台本もまだ調《ととの》っていなかったからだ。

だが信長のみは島井宗室にどうしても逢いたい。すなわち［楢柴肩衝］がどうしても欲しいという執念だけが横溢《おういつ》だったのである。だからこそ同じプログラムを構成しさえすれば信長は必ず食指を動かして乗ってくる、つまり、信長をいとも簡単に京都（本能寺）まで誘き出せるわけだ。

かくしてあまりにも［楢柴肩衝］に執着し過ぎた織田信長の悲劇が、憐《あわ》れこの「本能寺茶会」で終演（終焉）の幕を下ろす結果に至ってしまったのである。

第4章

信長の亡骸の謎

Q42 なぜ、「信長父子」の遺骸がなかったのか？

茶道研究家としてどうしても触れたかった、秀吉の陰謀の最《さい》たる「本能寺茶会」の絡繰《からくり》の言及も終わり、愈々《いよいよ》、「本能寺の変」の核心に入りたい。

とにかく通説通り光秀の謀叛であるならば、信長父子の首を洛中に晒《さら》してこそはじめて、天下人として世に認知されるのである。しかも前日あれほど大勢の公卿衆が押し掛けて来て、夕刻まで粘られたのだから、信長が本能寺に居なかったわけではないし、その襲撃が翌早暁であれば必ず信長父子の首は打ち取られたはずである。

しかも一万有余の兵が囲んだ本能寺の、限られた「御成御殿」という小空間で、信長の遺骸がまったく見当たらないという不自然なことは、絶対あり得ない。光秀が本能寺と二条御所を襲ったのならば、両者の遺骸は必ずあるはずである。かつ、たとえ黒焦げになっていても信長父子の首を洛中に晒すべきである。

本来武士の戦いで自分が勝利したこととは、敵将の首を晒すことであり、自分が敗北することとは、自分の首が敵方によって晒されることでもある。まして信長の仇敵・朝倉義景、浅井久政・長政の首は、晒された後も、さらにその髑髏《どくろ》を「薄濃《はくだみ》」にし、折敷《おしき》（角盆）に載せて、信長の年賀の宴の引出物としてまた晒された（『信長公記』）。

また「忠臣蔵」でも、亡君浅野内匠頭《あさのたくみのかみ》の無念を晴らすべく吉良上野介邸に討ち入り、見事吉良の首を泉岳寺《せんがくじ》の墓前に供えている。つまりそれだけ敵将の首を晒すことに、重大な意義があるのだ。

だが『信長公記』によれば、

・《（信長公は）殿中深く入り給ひ、内より御南戸（納戸）の口を引き立て（内からお納戸の鍵をかけて）》自刃したので、本能寺全焼につき遺骸が不明。

・《三位中将信忠卿の御錠には、御腹めされ候て後、縁の板を引放し給ひて、後に此の中に入れ、骸骨を隠すべき旨仰せられ、御介錯の事、鎌田新介に仰せ付られ》これまた遺骸が不明であったと、詭弁《きべん》を弄《ろう》する次第である。

そこで前述の『當代記』の《……焼き死に玉ふか、終《つい》に御死骸見へ給はず、惟任《これとう》も不審に存じ、色々相尋ねけれども、その甲斐無し》となり、光秀も必死で捜索をしたが、信忠の遺骸ともども見当たらなかったのである。

ということは、光秀以外のある実行犯グループが、本能寺と二条御所を先に襲い、信長父子の遺骸を密かに搬び去ったことになるのではないだろうか……つまり光秀軍は、すでに灰燼《かいじん》に帰した現場に遅参したからこそ、両者の遺骸がなかったことになるのではないだろうか……それとも単なる私の［仮説］で終わってしまうのであろうか……

Q43 秀吉がちらりと漏らした、犯行の本音……？

さてここで、［仮説］なるものを論じてみたい。

二〇一四年一月二十二日、NHK総合テレビで世にも不可解な「本能寺の変」が放映され、ルイス・フロイスの『日本史』にある信長の「足蹴《あしげ》事件」をテーマとして、謀叛に走らんとする光秀の心理分析を追った三部作であった。すなわち、

◇徳川家康・安土城饗応の献立に信長が激怒し、光秀を足蹴にしたことへの反発。

◇漫画家・江川達也氏による、美青年信長への、光秀の恋と嫉妬！（ホモ関係の破綻？）

◇犯罪心理学者・桐生正幸氏らによる、［過剰適応性］と足蹴への連鎖反応……

題して、＝歴史ドリーム『仰天推理・本能寺の変』＝

とにかく、『お笑い・娯楽番組』に近いとはいえ、いずれも一つの［仮説］である。

しかし私のいう［仮説］とはこんなものではない……「本能寺の変」において信長父子の遺骸がないということは、光秀以外のある実行犯グループの仕業ではないか、という……前項の続きである。

だがこれは、決して奇を衒《てら》った推論ではない。真実（史料）が途絶している歴史事象には、推測で読み解くことしかできない時もある。いわゆる［仮説］である。だがこの［仮説］も、ある一連の過程を入念にチェックしていくと、事実ではなかったかと確信が持てることもある。

この羽柴秀吉の不可解な行動目録も、入念に洗い直していく過程に様々な綻《ほころ》び、すなわち矛盾点が現出するし……その露呈した幾つもの矛盾点を線に転化していくと、いわゆる［秀吉の陰謀］も垣間見えて来るのである。すなわち［高松城水攻めはなかった！］や［中国大返しもなかった！］はその好例である。

そして『梅林寺文書』の中川清秀宛ての書状では、《上様（信長）ならびに殿様（信忠）は何の御別儀なく、膳所《ぜぜ》が碕《さき》へ退却され御無事である……》と書き、決定的な綻び、すなわち襤褸《ぼろ》を出してしまったのだ。

これだけの［信長父子生存］の確固たる偽情報を流せること、つまり「信長父子の遺骸は絶対に見つからない！」という自信の裏付けには、信長父子を自分の掌《てのひら》の裡《うち》で処理した確信なくしては絶対流せない情報であると、再度、申し上げたい。とにかく信長弑逆《しいぎゃく》をはっきりと表白しているのと同じである。

そこで私の、真実に近づきたい［仮説］の展開である。

Q44　秀吉による［信長父子弑逆］の展開

「本能寺の変」の襲撃に対して、以下の［A案］［B案］を設定してみた。

◇「本能寺の変」勃発のその時＝［A案］

光秀は一万三千の兵を三段に備えて、亀山（亀岡市）から京都に向かって、夜中を前進していたが、沓掛《くつかけ》の在所で休養を命じて兵糧を取らせ、天野源右衛門を尖兵隊長としてまず出発させた。これは味方の中から本能寺に内報するものが出るかも知れないので、これに備えると同時に、敵情視察に当たらせたものであろう。そして全軍が桂川を渡ると、はじめて本能寺を攻撃すべきことを触れて戦闘準備を命じ、六月二日（新暦七月一日）未だ夜の明け切らぬうちに京都に入り、黎明《れいめい》に及んで、本能寺を囲んだ（そして襲撃したのである）。（『本能寺の変・山崎の戦』高柳光寿著・春秋社刊）

◇「本能寺の変」勃発のその時＝［B案］

光秀は六月四日京を出立する織田信長の迎合軍として、亀山勢約三千、坂本勢約三千の兵を六月二日早暁、桂川東岸に集結し兵糧・休息中の最中、洛中の異変に気付くのであるが……それ以前に明智軍を謀《はか》る擬装軍団が、本能寺と二条御所を疾風のごとく急襲して信長父子を弑逆《しいぎゃく》し（父子の遺骸は外部に搬び出し）、乱波《らっぱ》を放って《日向守様御謀叛！》を一斉に洛中に流させる……やがて午前八時頃明智軍が、周章狼狽の態《てい》で急遽本能寺に到着すると、すでに辺りは灰燼に帰して、明智軍の《桔梗《ききょう》》や《白のしでしない》の不細工な俄《にわ》か造りの［旗印］や［馬印］が焼け跡に散在していたのである……早速、事態収拾に奔走し始めるが信長父子の遺骸は見当たらず、光秀は午後二時頃、織田家再興を模索すべく京を出洛して安土城に向かうが、瀬田大橋が山岡景隆によって焼き落とされ安土入城がかなわず、橋の修復を命じてその日は、三千の坂本勢を纏めて坂本に帰城していたのである（拙著『信長謀殺、光秀でない』龍書房刊）。

さて読者諸氏は、このA・B案について如何お考えであろうか……A案はいわずもがな、元日本歴史学会会長の高柳光寿博士の御高説であり、かつ四百三十三年来綿々と続いた［通説］の埒外を超えぬ論理である。しかも仏法で諭《さと》す《十目《じゅうもく》の視るところ、十手《じゅうしゅ》の指すところ、それ正しきかな》的論理で罷り通って来たものである。

一方B案は、「新・本能寺の変」研究の嚆矢《こうし》となった、小説家・八切止夫氏との折衷論でもあるが……（＊初めにお断りしておくが、私は八切氏のエピゴーネンでは決してない）。とどのつまりは、紛れもなく私の［仮説］でもある。

Q45 わずか四～五十分の急襲？

本著冒頭部（「Q3～4」）で、本能寺における信長の宿泊処は、

・寺内の一隅の居館『御成御殿』……『本能寺と信長』の著者・藤井学氏。

・寺内の小規模な『専用御殿』……国際日本文化研究センター名誉教授・今谷明氏。

と記述した。

また《……焼き瓦は全体の半分程度。寺は半焼程度だった可能性が高い……》（「京都新聞」）という状況下にあった無防備な本能寺を急襲し、信長父子を弑逆するために一万三千の兵など要らず……わずか五～六百の特殊部隊で事が足りるはずである。しかも宿直《とのい》の護衛を悉《ことごと》く斬り伏せて信長の遺骸を搬び出し、『御成御殿』に火を放って引き揚げるのも、二〇一一年、米海軍特殊部隊によってわずか四十分で完了したウサマ・ビンラーディン襲撃・射殺事件と同様に、わずか四～五十分程度で充分可能だったはずである。

これらを考慮した私の仮説は以下である。

一五八二年六月二日未明、羽柴秀吉家臣の杉原家次《すぎはらいえつぐ》を隊長とした明智軍団を謀る特殊擬装軍団、約五～六百に満たない精鋭が、京都・四条坊門西洞院の本能寺で宿泊中の織田信長を急襲し、わずか四～五十分で信長の弑逆を完了して、その遺骸を収容し、『御成御殿』に火を放った（別働隊も本能寺から至近の妙覚寺より、二条御所に逃げ込んだ織田信忠も弑逆して、これまた遺骸を収容したのである）。

ところが前述のBS‐TBS放映『ライバルたちの光芒《こうぼう》』に、豊臣秀吉側の弁護人として共演した作家の加来耕三氏は、私の解説に哄笑しながらかく反論した。

《本能寺は普通の寺ではなく、改造された城郭で、一千の兵が攻めても陥ちないように出来ている。偶然、一万を超える兵が攻め立てたから陥ちた。無防備で、僅かな兵力で攻められるということはまったくあり得ない》と宣《のたま》うのである。

だがこれはいささかお怪《か》しい。というよりも作家諸氏は本能寺を過大評価し過ぎている。

とにかく信長の約四十九回の上洛中、天正年間に［本能寺泊］は、たった二回しかなかったと前述した。しかもその二回は、信長が最期の上洛となった天正十年五月二十九日と、一年前の同九年三月二十日。その以前はというと、通常は［妙覚寺泊］が約二十回、［二条御所泊］が十四回、［相国寺泊］が六回という状況である。

つまり信長は、あらゆる機能が集中している石山本願寺跡地が城郭を築くのに最適な拠点と認識しており、織田信澄《のぶずみ》、丹羽長秀の二人を普請奉行として当たらせ、事変当時すでに工事が八分通り竣工していたらしい（織田信澄は事変後、この城で織田信孝に殺されているし、結局は後々、秀吉が大坂城築城の漁夫の利を得るわけである）。

とにかく信長が上洛すれば必ず［本能寺泊］という固定観念があるせいか、本能寺に深い濠を掘らせたり、土塀を高く積み上げてすっかり城塞化させてしまいたがる風聞《ふうぶん》（『信長公記』）もあったようではあるが……歴史認識の解釈を先行させるのであれば、あくまでも「大坂城」が竣工するまでの、たまたま、たった二回の「仮御殿泊」だったに過ぎなかったのではないだろうか。

しかも今回は特に嫡子の信忠が、信長警護の目的で「妙覚寺」にすでに詰めており……たまたま昨年同様に本能寺に泊まっただけである。つまり謀叛の時期が早まったとしたら、事と次第によっては「妙覚寺の変」として歴史に残った可能性もまったくなかったわけではないからだ

Q46　この擬装軍団を、四人が目撃していた！

さてさて私が、テロリスト、ウサマ・ビンラーディンまで担ぎ出しての、一見、荒唐無稽に見える「仮説」の展開をし……また作家諸先生達の哄笑を買うのではないかと、心配される読者諸氏もおられようが……この謎の擬装軍団を目撃した者が少なくとも四人は居たのである。

①里村紹巴《さとむらじようは》……明智光秀と親交が深い、連歌の宗匠。
②誠仁《さねひと》親王……正親町《おおぎまち》天皇の皇太子にして、「二条御所」の主人公。
③織田源五《おだげんご》……信長の実弟の長益《ながます》、後に如庵有楽《じよあんうらく》を称する茶道の宗匠。
④水野宗兵衛《みずのそうべえ》……刈谷《かりや》城主・水野忠重《ただしげ》。事変後、豊臣秀吉・徳川家康にも仕える。

まず最初の①、②を検証してみたい。

ここに「正本」と「別本《べつほん》」という二面性を兼ね備えた、世にも不可解な公卿（吉田兼見）の日記『兼見卿記《かねみきようき》』がある。私は前著『本能寺の変　秀吉の陰謀』で、六月二日の事変勃発から、十三日の「山崎の合戦」までの十二日間のこの日記の逐日・逐字訳を試みて、事変の本質を炙《あぶ》り出してみたが、その要約は後述したい。

さて、六月二日、戊子《つちのえね》の条「別本」にある問題の個所、

・（誠仁親王が）上《かみ》ノ御所《ごしよ》へ御成、新在家邊ヨリ紹巴荷輿《にないごし》ヲ参セ、御乗輿云々……

誠仁親王一族が居住の下御所《しもごしよ》（二条御所）を、妙覚寺から逃れて来た信忠軍に明け渡し、上御所へ御成りになる件《くだり》だが……こんな早朝にも拘《かか》わらずなぜかタイミングよく一

連歌師に過ぎない里村紹巴が弟子数名と、近在の商家から荷輿を調達して、戦闘の場所の危険も顧みず親王一族のお迎えに馳せ参じ、無事に上御所にお渡りなさる働きをするのだが……これは、この事変を前もって予見していた『兼見卿記』の著者との連携プレーであることは論を俟《ま》たないほど明白である。つまりまったく兼見の指令で行動しているのである。だがそれは『兼見卿記』の絡繰《からく》りの項で詳述したく……まずは、この擬装軍団の種明かしが先決である。

そこで結論を先にいえば……誠仁親王と里村紹巴の両人は、本能寺と二条御所を襲撃した「明智軍」か「擬装軍団」と直接遭遇しているのである。だから結論は、「明智軍」が襲撃したのでは決してない、と私は断言するのである。

つまり、「通説」通りの光秀の謀叛だったら、里村紹巴が粗末な商家の荷輿を慌てて仕立てて、畏《おそ》れ多くも誠仁親王の御動座を願うような惨めな仕儀にはならなかったはずで、むしろ光秀側が鄭重《ていちょう》に用意したそれ相応の格式をもって、御動座を供奉《ぐぶ》して行ったことであろう。またこのことは、一部の歴史家の主唱する「朝廷黒幕説」などとも関係なく、「本能寺の変」が通説通りあくまでも明智光秀の謀叛であったとしても……いかに非常事態とはいえ光秀は有職故実《ゆうそくこじつ》に通暁《つうぎょう》した良識を持つ武将だから、たとえ一時《いつとき》とはいえども、自分の乗馬を差し出して、それにお召戴くような挙《きょ》に当然出たことであろう。

この辺りからも「本能寺・二条御所」襲撃軍は明智光秀とは関わりのない擬装軍団の襲撃としか考えられないのである。

Q47 とにかく、誠仁親王も実行犯を目撃していたのだ！

誠仁親王自身も上御所へ動座の際、事を起こしたのは［通説］が説く明智光秀軍か、はたまた私の説く謎の擬装軍団かは、身をもって遭遇し、かつ目撃していたわけである。

だからその後の誠仁親王は、襲撃軍団の真相を知っていたことと、明智光秀との関わり合いを衝《つ》かれて［註一］、「山崎の合戦」に勝利した羽柴秀吉から何かにつけて恫喝《どうかつ》され続け、やがてこの事変の四年後の天正十四年（一五八六）に、毒殺とも自害ともつかぬ謎の死を遂げることになるのだが、『多聞院日記《たもんいんにっき》』など数々の史料から、誠仁親王を死に至らしめた元凶が羽柴秀吉であったことは自明であるから、ここでは、知り過ぎた親王の悲劇として、［擬装軍団］との関わり方が問われるのである。

つまり秀吉が吉田兼見も立ち会わせて、誠仁親王に自作の『惟任退治記』を何回も読み聞かせたという事実を忘れてはならない。

（＊［註一］六月七日、安土城に滞在している明智光秀に、誠仁親王は吉田兼見を勅使として派遣したり、光秀から朝廷への献上金を受領したりした関わり合い）

また先程の、里村紹巴の働きぶりを十二分に考えれば頷《うなず》けもしようが……この擬装軍団が野武士的汚れ役専門の精鋭軍団であればこそ、一公卿としての吉田兼見の心配《こころくば》りは、なんとか誠仁親王にご無礼のなく、かつ安全な最低限の動座を請い願うためにも、この里村紹巴をわざわざ派遣したのである。

つまり意外に小部隊だった信忠軍も突如急襲され、「妙覚寺」から速やかに隣の「二条御所」に遁走して誠仁親王一族を栖にとって防御態勢を固め……しかる後に誠仁親王御一行が里村紹巴グループの先導で、襲撃軍団の前を通って上御所に御動座したのであろう。

しかもこの紹巴はたった三日前、あろうことかあの光秀の［愛宕山参籠《あたごやまさんろう》］にも同席していたかの有名な『愛宕百韻』を巻き、その光秀の発句《ほっく》、

〈ときは今あめがしたしる五月かな〉で後世に伝承された通説たる、光秀謀叛に関する物議を醸《かも》した張本人でもあり……しかもこの非常時に、いとも粗末な御動座で誠仁親王一族

を御救い申し上げたというのである。

だが本当に明智軍が襲撃軍だとしたら……かつて朝廷や将軍家と深い関わり合いがあった光秀が、はたしてこんな惨めな誠仁親王の御動座を強いるものであろうか……とにもかくにも襲撃したのは「明智軍」ではなく、秀吉の陰謀に絡む「謎の軍団」であったことをもご認識頂きたいのである。

Q48 後の織田源五、水野宗兵衛はどうだったのか？

さてさて戦国時代の武将達の生き様を勘案して視るにつけ、まさに人様々である。

たとえば「関ヶ原の戦い」における旗幟《きし》の鮮明を計《はか》ることとは、己が首一つではなく、一族郎党の命運を賭ける大一番でもある。

太閤殿下の恩顧を貫き西軍に属した小西行長《こにしゆきなが》、安国寺恵瓊は六条河原の刑場で露と消え、宇喜多秀家は、八丈島の流刑地で朽ち果てた。

一方、百二十万石の大大名として豊臣家の五大老に列していた毛利輝元は、大坂城に入り西軍の盟主に奉《たてまつ》られてしまったが、吉川元春の四男の廣家《ひろいえ》は東軍に与《くみ》して必死に奔走して毛利家の取り潰しを免《まぬか》れ、輝元は防長二州三十六万石がやっと安堵されたのである。
つまりいつの世もそうではあるが、特に戦国時代という極めて不確実な世界にあって、その時代を的確に読み取って己が次世代へと家運を賭《と》して、その生き残りを計る強《したた》かさがなくてはならない……すなわち、その時代の［体制］を見据える鋭い洞察力を持ち、かつその［体制］に阿《おもね》ていくしか生き残れる道はないのである。

さて本題に入りたいが……問題のこの両名、織田源五（長益）・水野宗兵衛（忠重）も、いずれも似たり寄ったりのキャラクターを持ち合わせのようだ。
三代将軍・徳川家光《いえみつ》の宿老だった松平忠明《まつだいらただあきら》が書いた『當代記《とうだいき》・駿府記《すんぷき》』に、
《……織田源五信長弟有楽被ニ遁出一ける、時人令レ悪、
　水野宗兵衛苅屋主、此度は遁て苅屋へ被レ帰、》と記されているが、
◇織田長益＝とにかく宗家・織田信長の実弟でありながら、評判はすこぶるかんばしくない。二条御所襲撃から、からくも遁《のが》れた長益を揶揄《やゆ》って世間の人々は口を揃え、
《まんだ十三歳の年端《としは》もゆかぬ、信忠様の弟君の御坊《ごぼう》源三郎さまさえ、天晴《あっぱ》れ、城を枕に華々しく討死されとるのに、源五さまは卑怯未練。命惜しさに一門を見棄て欠《か》け落ち

された！》と囃《はや》されて、「臆病者」の烙印を捺《お》されてしまったのだ。

とにかく信長の実弟としての長益は、なんとか死地を脱出したのだから、武将としての気概《きがい》さえあればそのまま大坂城に駆け込み、未だ多少は機能していた織田信孝・丹羽長秀軍と合流して、反攻に転ずるべきである。

もしその襲撃が［明智軍］であるのなら、明智光秀の女婿であり、今回の四国遠征軍の副将だった織田信澄を直ちに殺害し、羽柴秀吉軍とも連携を取るべきである。

逆に秀吉の手の内の［擬装軍団］ならば、早速、信澄を岳父・光秀の許に走らせ、［明智軍］と連携を組むべきである。

とにかく信忠軍壊滅の死線を掻《か》い潜って来た織田長益の指令ならば、中川清秀・高山右近・池田恒興・細川藤孝・筒井順慶軍なども、［信長父子追討軍］に躊躇《ちゅうちょ》なく参陣したことであろう……だが［遁《に》げの源五］は、ひたすら遁げ廻っていたのである。

事変後長益は甥《おい》の信雄《のぶかつ》に仕えて尾張一万三千石。信雄改易後、結局は太閤秀吉の御伽《おとぎ》衆になりさがり……千利休から茶の湯を学び、後世には［利休七哲《しちてつ》］に数えられている。

［関ヶ原］では家康に与《くみ》し、大和三万石。かたわら甥の豊臣秀頼を補佐し、大坂方の情

報を家康に齎《もたら》して大坂・江戸の間を遊泳し……後年は荒木道薫《どうくん》（村重《むらしげ》）同様、茶の湯三昧《ざんまい》に耽《ふけ》り、「本能寺の変」からの遁走《とんそう》も、所詮《しょせん》、己が生き残るための一過程であったようである。

◇水野忠重＝三河刈谷城主。織田信長に属して戦功を挙げ、信忠配下になり、「本能寺の変」の難を遁れ、刈谷城に帰っている。但し、『家忠日記』などの併記には、

・六月九日の条＝水惣兵へ殿事、京都にかくれ候て、かいり候由候、

・六月十一日の条＝宗兵衛殿苅屋へ御越候由候

とあるので、京都に暫《しばら》くのあいだ潜伏した後、帰城したらしい。

ところが事変後、織田長益と同じく、織田信雄に仕えるのであるが……「本能寺の変」生き残りの両人がまったく同じ轍《てつ》を踏むとは奇異そのものである。

同じく信雄改易後は秀吉に属し、天正十五年豊臣姓が賜与《しよ》され、従五位下和泉守に叙任され、同十八年伊勢神戸《かんべ》に移封ののち、文禄三年、本領の刈谷に復し、事故死に至るのだが……残念ながら、前述の誠仁親王や里村紹巴の如き、確固とした痕跡はなさそうである。

すなわち、いずれも己が延命のために、秀吉の隠蔽に癒合する徒であったらしい。

Q49 ［秀吉の陰謀］であることの証左

さてこれまでの流れを要約してみると、すべてが秀吉の主導（すなわち陰謀）によって操作されていたことに気付かれよう。

・つまり未だ毛利方の援軍が着陣していないのに、「五万計《ばかり》の大軍で」と誇張した策略で、信長に来援の早馬を送り、

・要請を受けた信長に、《天が与えた絶好の機会だから自らも出陣して、毛利を討ち、九州まで一気に平定しよう》と［天下布武］実現の決意をさせ、

・さらに島井宗室と［楢柴肩衝］という絶妙の罠を仕掛けて、信長を本能寺まで誘《おび》き出すことに成功したのである。

・また明智光秀を囮《おとり》にして信長父子を謀殺するや、偽書状を中川清秀を筆頭に、光秀の与力《よりき》（寄騎）衆へ送り、その調略を計《はか》る……等々、矢継ぎ早に陰謀の矢を放ちながら、

・小早川隆景と深く癒着して、一方的な講和の締結で高松城包囲戦にけりを付け、一見、電光石火を装う「中国大返し」の絡繰《からく》りで東上し、明智軍を一気に山崎で屠《ほふ》ったのである。

ところで本能寺・二条御所を襲ったこの擬装集団の正体は……？　といっても所詮、そんな記録などは存在するはずがない。すべてが闇の中、深い藪《やぶ》の中である。

だが歴史（事件）とは「流れ」であり、そこには自ずと「起承転結」が存在するものであるし……「本能寺の変」は決して六月二日に終わったわけではなく、歴史的真実は、その後も絶えず流れているのだ。それ故、その先も読み取り、読み切らねばならない。

だからこのプロセスを踏めば、ある種の「類推《アナロジー》」も可能で、その痕跡を見出すことができようものである。

そこで私はこの実行隊の実態を、秀吉の正室の叔父である杉原家次を隊長として、羽柴秀長・蜂須賀正勝・川並衆から選りすぐった、いわゆる「御身内衆」で構成する精鋭部隊約二千有余に置くのがごく自然だと思う。

天正十年六月二日未明、羽柴秀吉家臣の杉原家次を隊長とした明智軍を謀《はか》る特殊擬装軍が、京都・四条坊門西洞院の本能寺で宿泊中の織田信長を急襲し、わずか四〜五十分で信長の弑逆を完了。その遺骸を収容し、『御成御殿』に火を放った（別働隊も、本能寺至近の妙覚寺から二条御所に逃げ込んだ織田信忠も弑逆して、これまた遺骸を収容した）。

かくして本能寺襲撃が計画通りに成就すると、擬装軍団の一部は杉原家次とともに高松へ戻り、あとの一部は蒲生氏郷《がもううじさと》軍に誘導されて、近江・日野《ひの》城に引き上げた。

杉原家次は、秀吉にクーデターの成功を報告するや、高松城主・清水宗治切腹の検視役と、さらに開城した高松城受け渡しの役も相務めているが、なんとその露出度の高さであろうか……まさにアリバイの顕示さながらである。

とにかく杉原家次の擬装軍団隊長としての《起承》から、その後の流れを追って行くと、様々な［類推《アナロジー》］も可能であり、また家次の最後は悍《おぞま》しい《転結》で終わっているので、後程、詳しい検証をしたい。

（＊また唐突にもなぜ蒲生氏郷が登場するのかに関しては、後刻、「安土城炎上の謎」の項で詳述したい）

まずは本能寺を襲った擬装軍団の正体を、私なりに明らかにさせて頂いた。

第5章

光秀冤罪を物語る日記の絡繰り

Q50 『兼見卿記』に視られる絡繰《からくり》

さて愈々、『兼見卿記』絡繰りの検証を試みたい。

だがその前に一つの疑問を解決しなければならない……かつて私が「読売文化センター」で、《「本能寺の変」の謎を解く》を講義していた折、受講生から、

《山科言経《やましなときつね》による『言経卿記』や吉田兼見の『兼見卿記』など、六月二日の公卿達の日記には、はっきりと明智光秀が本能寺・二条御所を襲撃して信長父子を死に至らしめた謀叛と書いてあるではないですか。光秀が実行犯であることは間違いないのでは……?》との反論があった。いかにもこれだけの名だたる公卿衆の日記だから、明智光秀の謀叛は歴然たる事実と受け止めるのも無理からぬことであり、その記述を一応列挙してみる。

◇『言経卿記』＝六月二日、戊子、晴陰

一、卯刻前右府本能寺へ、明智日向守依謀叛押寄了、即時ニ前右府打死、同三位妙覚寺ヲ、下御所へ取懸之處ニ、同押寄、後刻討死、村井春長軒已下悉打死了、(略)

◇『兼見卿記』＝六月二日、戊子の条

早天当信長之屋敷本應（能）寺而放火之由告来、罷出門外見処治定也、即刻相聞、企惟任日向守謀叛、自丹州以人数懸、生害信長、三位中将為妙覚寺陣所……果而三位中将生害、

（略）

以上『言経卿記』も『兼見卿記』も、光秀が信長・信忠父子を討ち取った（「打死」「生害」）と記している。だがここで、視点をちょっと変えてみたい。

宣教師フロイスが『欧日文化比較論』の中で、《反逆は日本でありふれたことなので、ほとんど非難されていない》と書いている。戦国時代においては、「反逆者」とか「謀叛人」などの言い方はあまりなかったのだ。つまり戦国時代とは、《三度《みたび》主人を替えないと、武士ではない》ともいわれた時代だったのである。

また歴史研究家の桐野《きりの》作人《さくじん》氏はその著書『信長謀殺の謎』の中で、《当時、公卿の日記は、他人の目に触れさせるのを前提としていた》と書かれている。つまり必要に応じて時の為政者からの検閲には、当然応じなければならなかったのだ。

天正十年六月二日のこの時点で光秀は、まさに天下人として権力を掌中に握りかけているのだから、利に聡《さと》い公卿衆であるならば、光秀の天下が当分続くと咄嗟《とっさ》に判断したこと

であろう。

しかも特殊擬装軍団の急襲後、乱波《らっぱ》を放って《日向守様御謀叛！》を一斉に洛中に流されては……誰しもが明智光秀のクーデターと信じるわけで……これはひょっとすると光秀による、織田信長の強権政治の呪縛《じゅばく》を解き放つ大革新、大刷新が実現すると思うのが、ごく自然のことであろう。

Q51 つまり公卿達の日記は、後から都合よくリライトされた！

それなのに堂々と、
・『言経卿記』＝明智日向守依謀叛押寄了、即時ニ前右府打死……言語道断の為躰也《ていたらく》、
・『兼見卿記』＝企惟任日向守謀叛……生害信長、
・『日々記』＝明知(智)取懸、やき打ちニ申也由申候、
と、信長の即時討死を一斉に書き連ねており……

しかも『言経卿記』の（言語道断の為躰也）などとは、本来いくら何でも書けるわけがないのだ。それにまだ信長の首も晒されておらず、生死がまったく不明なのである。

また光秀の天下ともなれば、それこそ「一殺多生《いっせつたしょう》」の論理で、信長を斃《たお》すことで光秀こそ時代の新しき英雄であらねばならない。それをかような「謀叛人」呼ばわりの表現になっては、その後々、光秀側に知れでもしたら大変で、山科言経こそ逆に「言語道断の輩」、つまり反体制分子として処分され、命はないことにも成りかねない。

だからこの『言経卿記』は、しどろもどろさがきわめて顕著であり、六月二日に続いて「三日、巳卯、晴陰」「四日、庚寅」の後、おざなりの「洛中騒動不斜《なななめならず》」などの記入のみで日記自体も洛中の騒々しさに巻き込まれてしまったものか、五日以後十二日までの記述が欠落している始末である。

そして十三日の光秀敗北を告げる日記から再開されるのだが、よほど慌てていたのかこの十三日、十五日、十七日と『言経卿記』の特徴である干支《えと》と天候が抜けており、六月十八日から、「甲辰、天晴、晩雨」とやっと通常に戻っている。

おざなりの三日、四日は別として、五日から十二日までの八日間はまったく欠落しているから、山科言経の慌ただしさが手に取るようにわかる。恐らくこの削除された部分にこそ、何がしかの真実が書かれていたことであろう。

だが「山崎の合戦」の勝利者である羽柴秀吉への配慮か、また仮に「本能寺襲撃事変」

の実行犯が何者の仕業かわかっていても、秀吉軍が勝利を収めた現在、真実を記録して残しておくことで一身や一家に累厄《るいやく》の及ぶのを怖れて、その部分を削除・切除して空白が続いたのであろう。だからこそ公卿の日記のほとんどは、この事変の帰趨《きすう》が定まってからのリライトだったはずである。

またこんな一面にも、［秀吉の陰謀］の影が深く垣間見られるのである。

Q52 「正本」「別本」に書き分けられた怪！

「本能寺の変」の研究において、『兼見卿記』の「正本」「別本」の存在こそ興味津々たるものはない。この日記の著者たる吉田兼見は、天正十年（一五八二）の初めから同年六月十二日まで正本・別本の二冊の日記を執筆して、一冊（別本）を明智光秀用に、またもう一冊（正本）は羽柴秀吉用に分けて纏《まと》め上げていたわけであり、ただただ驚きの極みだ。つまり光秀用に記《しる》されたと思われる日記は、六月十二日（「山崎の合戦」の前日）を以て執筆が終わって「別本」となり、秀吉用と思われる日記が「正本」となってそのまま継続されている。

すなわち近々、必ず「本能寺の変」のような事変が出来《しゆったい》し、また「山崎の合戦」のような事態も必然であろうから、その各々の勝者のための日記を執筆しておき、秀吉用の日記に、［六月十三日、巳亥、雨降、於山崎表及合戦、日向守令敗軍］と記すや、光秀用の日記の執筆を前日の十二日で取り止め、「別本」としたのである。

秀吉の優勢はわかっているが、念のため、光秀方の勝利の場合にも対応できる態勢を取っていたのだ。このような準備ができる兼見は、秀吉から「本能寺の変」のようなことが起きることを示唆され……すなわち秀吉の陰謀のスタッフであったと考えられるのだ。

神道の神主として、その［吉凶の占卜《せんぼく》］を生業《なりわい》とする身でありながら、自分自身の占いでは光秀—秀吉間の勝敗の帰趨がわからず、各々記す事象を変えた二冊の日記の執筆となったのであろう。

Q53　光秀と秀吉を両天秤に懸けていた強《したた》かな神主

この『兼見卿記』を『原色茶道大辞典』（淡交社）で見ると、

《神祇《じんぎ》官長上（神主の家元）で、京都吉田神社の神主職を握って吉田神社の宗家となった兼見卿の日記。十八冊。元亀元年から文禄元年までと、慶長十五年までの日記が現存する。兼見は公武の神事祈禱《きとう》をつかさどり、信長、光秀、秀吉に好遇されたため、当時の歴史・文化の研究資料を豊富に含んでいる。茶の湯に関しても、秀吉の大徳寺総見院大茶会、禁裏茶会・北野茶会・利休自刃のことなど見るべき記事も多い》とある。

この吉田兼見は、明智光秀とも元亀元年頃からかなり親しい間柄であった。そこでこの『兼見卿記』から二、三拾い読みをしてみると、

天正四年十月四日の日記には、

［惟日女房所労也、祈念之事由来……］（惟任光秀室［熙子《ひろこ》］の病気祈願を依頼された）

と書かれている。また、十月二十四日の日記には、こうある。

［惟日女房験気《げんき》也、先日祈念祝着之由、以非在軒折帋銀子一枚到来……］（惟任光秀室が験気して＝少し快方に向かって、先日の御祈願のお蔭様にてと、銀子一枚が届いた）

そして次のように続く。

［十一月二日、惟日女房所労見廻罷向、惟日面會］（惟任光秀室の病気見舞いに赴き、光秀に面会した）

ところが同月七日、病気が急変したのか、この日明智光秀室が病没した。

光秀の菩提寺である大津市・西教寺《さいきょうじ》の過去帳には、

「十一月七日（天正四年）福月真祐大姉　明智日向守殿御臺　當寺ニ葬ル廟有リ」とある（『兼見卿記』では、この七日から十九日まで日記が欠落している。葬儀に参列か）。

また天正八年三月二十八日には、

「惟日此間普請也、為見廻下向坂本、召具侍従、菓子一折五種持参、面會、相伴夕食、入魂機嫌也、普請大怱驚目了」（大津・坂本に惟任光秀の城普請の為、進物を携えて見舞いし、光秀も大変喜び歓待され、夕食をご相伴する。城普請の見事さに目を見張った……）と記されている。あの宣教師フロイスも絶賛した美城である。

さらに天正十年に入り正月二日、兼見は、こう記している。

「為惟任日向守為坂本へ被下、御祓《おはらい》・百疋持参、面會、於小天主（守）有茶湯・夕食之儀、種々雑談、一段機嫌也……」（惟任光秀への新年の礼問《らいもん》のために坂本城に赴き小天主閣で茶会および夕食の振る舞いを受け、種々話も弾み、光秀はことのほか上機嫌だった）

ちなみにこの後の二十五日に光秀は、「本能寺茶会」で前述した島井宗室・津田宗及を、同じ坂本城に招いての茶会を催している（「Q37」）。

だがこのような並々ならぬ光秀との深い親交も、神道界での己の立身出世のためには袂《たもと》を分かたねばならなかったのだ。

そもそも吉田家は、代々神に仕える家であり、その中興の祖と目される吉田兼熙《かねひろ》は、当時の将軍・足利義満《よしみつ》に近接して南北朝合一の一端を担い、その政治力を生かして公武両勢力の力を伸長して従三位にも昇り、吉田家が日本神道界の支配者的存在になる礎を築いた。そして次代の吉田兼倶《かねとも》がさらなる政治的手腕を発揮して、出雲大社のような大社以外の地方神社は、事実上すべてが吉田神社の支配下に入ることになったのだが、中央圏ではあと一歩の段階に終わっていたのである。

かくして兼倶から五代目の吉田兼見の代に入り、信長政権下では達成できそうにもない中央圏制覇が、いよいよ、ここに至って実現の運びとなりつつあった。つまりは秀吉の天下掌握後初めて実現するのだが、もちろん光秀の天下の下でもよかったのである。

つまり吉田兼見なる人物は、単なる秀吉方への加担者というよりは、かなり強か者であり、秀吉方の加担者と見せかけて実は光秀・秀吉を両天秤に懸けた尋常ならざる神主だったのだ。秀吉によって緻密に仕組まれた「天下達成劇」が紛れもなく成功するだろうと、秀吉に協力を相務めている兼見ではあるが、光秀の力量の顕在性も動かしがたく……はたまた備中高松城水攻めの秀吉が、毛利軍に逆包囲されているとの下馬評なども流れれば、いかに策士・兼見とておいそれと秀吉の天下達成を鵜呑《うの》みにするわけにはいかない。

このようなことから、どちらが勝利しても良いように「正本」「別本」が作成されることになったのだ（光秀が勝利すれば、「別本」が「正本」に直ることは当然である）。

Q54　こんなにも［正本］と［別本］で異なる記述！

さていよいよ六月二日の未明に、兼見も充分に予知していた「本能寺の変」の幕が切って落とされたのである。

・六月二日、戊子の条

［別本］

（誠仁親王が）①上御所へ御成、新在家邊ヨリ紹巴荷輿ヲ参セ、御載輿云々……②未刻大津通下向、予、粟田口《あわたぐち》邊令乗馬罷出、惟日對面、在所乃儀満端頼入之由申畢、

［正本］

②事終而惟日大津下向也、山岡館放火云々……①上御所へ御成、中々不及御乗物躰也、日記の書き順が①と②が前後しているが、②は光秀が事変後安土に向かうべく、大津へ下る件《くだり》だ。［別本］では、光秀が未刻《ひつじのこく》（午後二時頃安土に向かって）大津へ下ったが、私（兼見）は粟田口の辺りまで馬に乗って駆けつけ、光秀に対面して吉田神社所領などのことについて、すべての件をお願い申した、としている。

しかるに［正本］では、事変後光秀が大津へ下り、《勢多城主・山岡景隆が瀬田（勢多）大橋を炎上させ、自分の城館にも放火した》などと淡々と事件の流れを綴《つづ》るが、兼見がわざわざ粟田口まで馬を飛ばして光秀と対面したことは省略している。これは秀吉が勝利した場合、いかなる目的で罷《まか》り参じたのかと厳しく詰問される可能性があるからだ。

一方［別本］に従えば光秀にとっても、自分が謀叛の冤罪を蒙《こうむ》りかかっている矢先にわざわざ馳せ参じてくれた兼見に、自分が置かれている苦境を理解してくれる安堵感を覚えたことでもあろうし、また兼見としてもたった今事変が発生したばかりで、とりあえず光秀にも万端《ばんたん》の用意をしておき、己の身の安堵、所領の安堵も頼みたかったのであろう。

またこれからは光秀とも数多く接触して情報を得たいという気持ちもあってのことだったのであろう。

①は、信忠の要請で誠仁親王一族が居住の下御所を明け渡し、上御所へ御成りの件《くだり》だが、［別本］では誠仁親王が上御所へ御成りの折、こんな早朝にも拘わらずなぜかタイミングよく里村紹巴が、近在の商家から荷輿《にないごし》を調達して駆け付け、お迎えに参じ、無事に上御所にお渡りなさる働きをする（この項は［Q46］で詳述した）。

ところが［正本］では、これまた紹巴の件はすべて削除し、［上御所へ御成、中々不及御乗物躰也］（なかなか御乗物調達に難渋のご様子）の記述に留めている。

かように［正本］［別本］では記述が異なるのだ。

Q55　ところが意外に緩慢な、光秀の事変後の軍事行動……？

前日とてつもないクーデターが勃発したというのに、本当に光秀の謀叛であるのならば、こんな緩慢な動きでよいのであろうか？　瀬田大橋の修復を命じて近江へ転戦する。

・六月三日、巳丑、雨降の条

［別本］日向守至江州相働云々、

［正本］日向守至江州相働云々、（光秀が近江を攻めはじめる）
・六月四日、庚寅の条
［別本］江州悉屬日向守云々、
［正本］江州悉屬日向守、令一反云々、（光秀が近江を平定する）
・六月五日、辛卯の条
［別本］日向守安土へ入城云々、日野蒲生在城、無異儀相渡之由説也、
［正本］日向守入城安土云々、日野蒲生在城、不及異儀相渡云々、
（光秀が安土に入城した由、また日野に籠城した蒲生堅秀《かたひで》・氏郷《うじさと》父子は、何らの異議なく城を明け渡したとの由）などを淡々と記しているが。

とにかく四軍団ある［方面軍］の何《いず》れをも未だ誘降させていないどころか、明智光秀自らが寄親である［近畿管領軍］すらも纏《まと》めきっていない状態であるのに、突発事変で渦中の坩堝《るつぼ》と化している洛中を離れて近江に転戦し、家臣・斎藤利三には長浜城も陥とさせ……自分は悠々と安土城に入城し、やがて勅使となった吉田兼見を迎えるのである。
これでは誰が起こしたクーデターなのか、その概要を未だ的確に攫《つか》み切っていないよう

な光秀の軍事行動でもあるし、あの未曾有の大事変を起こした猛将と言えるのだろうか。

Q56 とにかく、真っ先に長宗我部元親と与同すべきではないか！

◇［補遺《ほい》1］＝目下、通説による「明智光秀謀叛説」の筆頭に挙げられているのが、この［斎藤利三煽動説《せんどうせつ》］で、『だれが信長を殺したのか』の著者・桐野作人氏が主唱している。

また同じく［四国政策原因説］を採る歴史家が非常に多く、今や「本能寺の変」解明の主流になっているかの感であるが、その詳細は後述するとして、まずは光秀の軍事行動が重要課題で、事変直後の三日間の行動を特に重要視頂きたい。

とにかく今まさに四国方面軍司令官の織田信孝が、副将・丹羽長秀、織田信澄を率いて大坂・大物浦《だいもつうら》から［四国制覇］への出艦寸前である。

すなわちこの盟友・長宗我部元親を救わんがためのクーデターが成功したのであるから、明智軍は一気に長宗我部軍と与同し、かつ、すでに元親が与同している（筈の？）毛利軍とも共闘して、羽柴秀吉軍を挟撃すべきではないだろうか……

ところが長宗我部元親の義兄であると喧伝されている肝心の斎藤利三ですら一切動か

ず、あろうことか光秀ともども、六月三日〜四日と近江平定に精力を注ぎ、秀吉の本拠地・長浜城を陥《おとしい》れ、なんとそこに入城している始末だ。

Q57 しかも何故、娘婿の織田信澄を見殺しにしたのか！

◇［補遺2］＝とにかく明智光秀の謀叛であるならば、何故娘婿の織田（津田）信澄を最大限に活用できず、ただ見殺しにしてしまったのであろうか。

私が前述の桐野説に奇異を感じるのは、いかんせん、斎藤利三の事変後の行動である。本当に「光秀と利三の謀叛」であるならば、当の利三が先頭に立って逸早く「四国方面軍」の副将であり光秀の娘婿であった織田信澄と相謀《あいはか》り、織田信孝・丹羽長秀を討ち、かつ問題の長宗我部元親とも呼応して毛利軍とも与同させ、羽柴秀吉を挟撃すべきではないだろうか。何故ならば通説での明智軍は、備中高松で苦戦中（？）の羽柴軍の加勢に赴く役目故、本能寺襲撃以前でも先発隊という名目で斎藤利三隊が山陽道を進軍しても危ぶむ者とてなく、長宗我部軍とはいくらでもコンタクトできるチャンスがあったわけだ。

かかる場合、まさか元親に何の連絡もなかったわけではあるまい。

ところが肝心の利三は、前述の通り、猫の額ほどの近江平定に終始していた次第である。

すなわち、こんな処でマゴマゴしている場合ではないのだ。これでは、桐野氏が主唱する「光秀と利三を謀叛に駆り立てたもの」の存在根拠が一切成り立たないのではないだろうか……だが残念ながら利三と元親が与同した形跡がまったく見当たらない。

また肝心の織田信澄も岳父の快挙になんら与同することなく、逆に呆気なく織田信孝・丹羽長秀軍の不意討ちに遭い、堺にその首を晒されてしまったのである。

この信澄は信長の甥……すなわち信長が自らの手で暗殺した実弟勘十郎信勝《かんじゆうろうのぶかつ》（信行《のぶゆき》）の忘れ形見だが、その後信長の命により柴田勝家の許で養育されたという。

やがて信澄は天正六、七年頃、信長の命で明智光秀の娘を娶《めと》るのであるが、問題の細川忠興の娘・玉《たま》（ガラシャ）も同じく信長の命によって娶ったのである。

その後信澄は、光秀の坂本城を長菱形の扇の要《かなめ》と据えた信長の最重要拠点、「琵琶湖・ウォーターフロント」の一角である大溝城を構えるのである。この織田信澄に関して「一段の逸物なり」（『多聞院日記』）とある一方、「異常なほど残酷で暴君」（『フロイス日本史』）との評価が伝わっている。

ところで毛利方が「本能寺の変」の情報を、秀吉と講和の起請文を取り交わした後の、遠からぬ時間で入手するのだが……『萩藩閥閲録』や『毛利氏四代実録考論断』などに拠れば、《一日に京都で信長・信忠父子が討たれ、二日に大坂で信孝が討たれた。謀叛したのは津田信澄・明智光秀・柴田勝家だということだ……》とあるが、誠に以て当を得て、筋の通った偽情報であって、これでは毛利方が秀吉軍を深追いしても意味がない。

すなわち、父暗殺の積年の怨みを抱く信澄が決起し、岳父の明智光秀と養父の柴田勝家が、がっちりと脇を固めているというのである（当然これは、毛利輝元・吉川元春向けの、羽柴秀吉・小早川隆景の演出であることは、論を俟《ま》たないことである）。

ところが事実は裏腹で……《日向守様、御謀叛！》の噂が拡大して大坂城内にも流れ、伝え聞いた織田信孝・丹羽長秀は、《光秀の娘婿であり、上様に叛いた信行の忘れ形見故、危険だから早い処始末してしまおう》と相謀《あいはか》って、同じ城内に居た信澄を双方から攻めて弑逆し、その首が堺に晒されてしまったのである。

かくして喉から手が出るほど加勢が欲しい折柄、この信澄の犬死はまったく不可思議であり……しかも事前に何の脈絡がなかった光秀の動向には啞然とせざるを得ないのだ。

Q58　いやむしろ、足利義昭も担ぎ出すべきだった！

［補遺3］＝つまり［明智光秀謀叛劇］の達成には、手っ取り早く前将軍・足利義昭を担ぎ出せばよかったのである（ただし決して「足利義昭黒幕説」を意味してはいない）。

所詮、当時の環境では、光秀が如何に信長を斃《たお》したとて天下は取れない。

しかるに［足利義昭擁立］を掲げれば、光秀の［近畿管領軍］寄騎筆頭の細川藤孝などは、この足利義昭を将軍に成らしめた、元側近中の側近であったから、自軍団の引き締めにも効果的であることは勿論のほか、［信長懲悪］の大義名分が充分に立とうものであるし、実際に光秀の謀叛だったらそう動いたかも知れない。

だが私の認識では、わけのわからないうちに「本能寺の変」の渦中に放り込まれた光秀にとっては、そんな余裕などあろうはずがなく、まず眼前の近江平定と安土城入城を先にしたのであろう。

さて結論を先に申すと……今や、毛利家の庇護を受けながら備後鞆《とも》の浦に逼迫《ひっぱく》していた足利義昭が、寝耳に水の《信長、討たる！》の吉報を耳にするや、当然、欣喜《きんき》雀躍《じゃくやく》して、毛利輝元に上洛の命を出したことであろう。

だが輝元は動かない。いな小早川隆景の強固な牽制にあって動けないのである。

そこで矢も盾もたまらぬ義昭は、紀州雑賀衆《さいかしゅう》・土橋平尉《つちはしへいのじょう》（重治）を通じて上洛の打診を光秀に強力にアプローチして来たのである。

勿論、光秀とて万全の動静が攫《つか》めず、おいそれと義昭の上洛を受け入れる体制もなく、とにかく模索の情勢がしばし続くわけである。

ところが十一日、細川藤孝・筒井順慶の参陣も危うくなり、かつ予想だにもしなかった羽柴秀吉軍の疾風怒濤の東上を聞くや周章狼狽し、急遽、十二日に、

［仰せの如く未だ申し通せず候処に、上意馳走申し付けらるるに付きて、示し給ひ快然に候。然して御入洛の事、即ちお請け申し上げ候……」

と、光秀は土橋平尉を介して、義昭の上洛の申し入れを受諾した旨の返書を出すのだが、時すでに遅く秀吉軍は、決戦の場・山崎から一二キロの摂津富田に着陣していたのだ。

かくして「本能寺の変」遂行の無計画性について、世の謗《そし》りを一斉に浴びる破目になるのであるが……むしろ逆説的にはこの無為性が、［光秀冤罪説」を端的に表わす証左ともなるのではないだろうか……と思われるような無為の三日間であった。本題に戻りたい。

Q59　光秀は「征夷大将軍」の内示を受けていた？

・六月六日、壬辰の条

［別本］

令同道祇親王御方、御對面、直仰云、日向守へ為御使罷下、京都之儀無別儀之様堅申付之旨仰也、

［正本］

親王御方御對面、直仰曰、日向守へ為御使可被下之旨仰也、

光秀への勅使《ちょくし》を誠仁親王から命じられた兼見は、親王に拝謁《はいえつ》し、［京都の政治と治安維持を堅く申し付ける（委ねる）旨］を仰せ付かるが、［正本］ではそれは欠落している。

これは光秀に対する「征夷大将軍」の内示に近いものといって差し支えないであろう。

一般的には本能寺・二条御所が襲撃された際、周囲の民家に飛び火してだいぶ類焼し、焼け出された避難民が御所の内に数々の雑物を搬入し、一部では小屋掛けもしたらしく、勧修寺晴豊《かじゅうじはれとよ》の日記にも、［者共のけ（除《の》け）禁中小屋懸け称々正躰無き事也］とあり、『兼見卿記』の［京都之儀無別儀之様］は、これらの撤去や治安維持を指すという説がも

っぱらだが、決してそうではない。

いやしくも勅使下向ともなれば、それは単なる京都の治安回復と言った現行行政能力の向上に類するものなどではなく、政治形態全般に関わる改革への位贈（征夷大将軍の内示）のようなもの以外にないと思われるからだ。

Q60 圧巻！［謀叛之存分雑談］の真の意味！

・六月七日、癸巳の条
［別本］
向州（光秀）對面、御使之旨、巻物等相渡之、忝之旨請取之、予持参大房鞦一懸遣之、今度謀叛之存分雑談也、蒲生未罷出云々、
［正本］
日向守面會、御使之旨申渡、一巻同前渡之、予持参大房鞦遣之……日野蒲生一人、未出頭云（々）、
この日記は早朝出立した兼見が、いよいよ安土城で光秀と会見する件《くだり》である。

午後二時頃、安土城に到着。誠仁親王の勅旨を伝え進物（巻物・征夷大将軍の内示？）を渡すと、忝《かたじけな》しと光秀は拝受し、ついで兼見持参の［大房の鞦《しりがい》一懸］を進呈して、今度の事変の［謀叛］について存分に雑談を交わしたが、蒲生父子は未だ光秀に降らなかった。この［鞦《しりがい》］とは、乗馬の頭部・胸部・尾部に懸ける緒飾り、すなわち征戦に赴く大将馬の総飾りだが、さてここで一番問題になるのが［今度謀叛之存分雑談也］であり、不可思議なことに［正本］では欠落している。

この謀叛について、《此の度の光秀殿のご謀叛の経緯はいかなるご心境から進められたのか、色々お心の裡の動機を伺い、存分に雑談申し上げた》と、普通は光秀が起こした謀叛であることをますます確実なものにする件《くだり》であり、大方の史家・作家諸氏も《これにて光秀の謀叛であることに、一件落着》と太鼓判を捺《お》すわけである。

だがすでに私が主張しているように、里村紹巴は商家の粗末な荷輿《にないごし》を持って馳せ参じ、誠仁親王を上御所まで供奉《ぐぶ》申し上げたが、誠仁親王はその襲撃軍の実体が何者であるかを知っており（もしくは供奉申し上げた紹巴から聞かされたものか）、その襲撃軍が明智光秀だったら、自分をかくも惨めな動座には致すまいことをよく知っていたのである。

もとより吉田兼見自身も、この襲撃軍の正体を百も承知であったからこそ、粗相《そそう》のないように紹巴をわざわざ親王の許に派遣したのである。

以上を勘案すると決して詭弁《きべん》を弄《ろう》するのではなく、この謀叛こそ、羽柴秀吉の謀叛をおいては考えられないのである。

だからこそ明智光秀にとって［今度の謀叛の存念］とは、当然、一番身内に近い兼見に《今度の本能寺襲撃は自分ではないこと》を強調し、本能寺に急遽馳せ参じたらすでに辺りは灰燼《かいじん》に帰していたこと、どうやら羽柴秀吉の謀叛ではないかということ、自分はあくまでも冤罪であること、などを切々と訴えたことであろう。

また兼見も、かかる上はこの降って湧いたような事変を逆手に取って、［光秀の天下］を確実にするためにまず相当量の銀子を［朝廷］に献上して、これからのよしみを通ずるべきであることなどを進言したと思われる（これも実は秀吉方の策略で、貴重な軍資金を放出させる目論見があったのか）。

一方光秀にとっても、［征夷大将軍］の内示は大いなる自信が与えられることになったのであろう。もっとも兼見にとっては、光秀と秀吉の、どちらが勝利してもよかったのだ。光秀との姻族関係［註一］はもとより、永年の親しい間柄である。また秀吉方への加担は、時流に乗じてのことであり、［別本］［正本］の準備もおさおさ怠りなかったからだ。

繰り返すが、［正本］には［今度の謀叛］が欠落している。つまり、秀吉の目に触れるとまずいと判断したわけである。

つまりこの六月七日に、兼見が勅使として安土城に下向したことは［正本］でも既成事実だから、紛れもなく光秀の謀叛だったとしたら、わざわざ［正本］から欠落させなくてもよかったからだし、秀吉にしても、光秀謀叛の本当の動機を知りたいはずだからである。ここからも、秀吉こそが謀叛の中心人物であることが浮かび上がって来るからだ。

（＊［註一］・［姻族関係］＝明智光秀の娘・玉が、細川藤孝の嫡子・忠興に嫁し、また藤孝の娘が吉田兼見の嫡子・兼義に嫁している）

Q61　とにかく［光秀・征夷大将軍］の内示は間違いない！

・六月八日、甲午の条

［別本］

日向守上洛……明日至摂州手遣云々、令祗候委細申入畢、御方御所（誠仁親王）様御對面、直申入畢、

［正本］
今日日向守上洛……明日至摂州手遣云々……令休息、参禁中、御返事申入了、
（光秀は摂州攻略のため軍を率いて上洛し、兼見も帰洛して早速、誠仁親王に光秀の勅答を奏上申し上げる）

・六月九日、乙未の条

［別本］
①　早々日向守折紙到来云々、唯今此方へ可来之由、以自筆申来了……②未刻上洛、至白川予罷出、公卿衆・摂家・清花・悉為迎御出、予此由向州ニ云、此砌太無用之由、早々先へ罷出返申之由云々、即各々……③次向州予宅ニ来、先度禁裏御使早々忝存、重而可致祇候、只今銀子五百枚兩所へ進上之、予相心得可申入之由云、五百枚進上之、以折紙請取之訖、此次五山へ百枚ツヽ遣之、予ニ五十枚、此内二枚被借用、大徳寺へ百枚遣之、④於小座敷暫逗留、方々注進、手遣之事被申付也……⑤次進夕食、紹巴・昌叱・心前・予相伴、食後至下鳥羽出陣、路次へ送出申礼畢……銀子御礼、奉書ヲ向州へ見之、忝之旨相心得可申入也（略）

［正本］

早々自江州折帋到来云、唯今此方へ可来之由了……即予為迎罷出白川、数刻相待、未刻上洛、直同道、公卿衆・摂家・清華、上下京不残為至白川・神楽岡邊罷出也……次至私宅、向州云、一昨日自禁裏御使忝、為御礼上洛也、随而銀子五百枚進上之由、以折帋予ニ相渡之、即可持参由申訖、次五山へ百枚宛遣之、大徳寺へ百枚、予五十枚、為當社之修理賜之、五山之内不足、賜予五十枚之内二枚借用也、次於小座敷羞小漬、相伴紹巴・昌叱・心前也、食以後至下鳥羽出陣（略）

①　光秀と兼見の親密さが窺える［以自筆申来了］とその書状が自筆であった旨が［正本］では省略されている。

②　さてこの項、［私（兼見）も午後二時頃、白川まで出迎え、公卿衆・五摂家・清華《せいが》家以下悉《ことごと》く迎えに見えている旨を光秀に伝えたが、忝《かたじけな》いがご辞退致したく、どうぞお先にお帰り頂きたいとの由で、各々に伝えた］と記載している（［正本］もほぼ同じ）。

だがこれは先の五月二十九日、時の［準・天下人］織田信長の上洛に際して、公卿衆が総動員して雨中にも拘わらず粟田口まで出迎えたのと同じ扱いである。明智光秀も、五摂家・清華家を筆頭に悉くの公卿衆が、白川辺りまで総出で出迎えるということは、単なる織田信長を謀殺して天下を半ば掌中に収めかけた武将ではなく、いやしくも「征夷大将軍」を内示された明智光秀への出迎え行事でなくして、一体いかなる説明ができるのだろうか。まさに、凱旋将軍を迎える国家的行事さながらである。

こういう認識も、通説「本能寺の変」では大きく見落とされているのだ。

③

その後光秀は兼見邸を訪れ、

「一昨日安土城への勅使下向について忝い旨と、その御礼に参上し只今両御所（正親町《おおぎまち》天皇と誠仁親王）へ銀子五百枚献上致したき由で、私は承知してこの旨を禁裏に奏上する旨を光秀に伝え、五百枚進上の折紙（目録）を受け取った。そして京都五山へ百枚ずつ、また私にも五十枚寄進され申し、さらに大徳寺へも百枚寄進されているのだが、「正本」ではこの五十枚の寄進が兼見自身ではなく、「為當社之御修理賜之」と、吉田神社修理のためと主旨を転化して記入し、光秀との親交の深さを打ち消している。
④と⑤の項では、光秀が兼見邸の小座敷に暫く逗留《とうりゅう》して夕食（出陣祝いの小宴）が振る舞われたのだが、主人公の兼見はもとより何と里村紹巴までもが弟子の昌叱・心前も打ち連れて光秀と夕食を相伴する次第である。
その席上、合間を縫って光秀が「方々注進、手遣之事被申付也」（光秀が各地へ緊急

の手配を命じていた）のだが、［正本］では当然ここも欠落している。

また食後、光秀が下鳥羽（京都市伏見区）へ出陣したので、［路次へ送出申礼畢］（参席者一同が途中まで見送ってお礼申し上げた）も当然欠落している。

もとよりこの里村紹巴一行の相伴は、いかにも光秀と［愛宕山参籠］であの有名な連歌を巻いた親交のある連中と言いながら、四日後に控えた「山崎の合戦」の最終的な打ち合わせ……たとえば六月二日早暁の誠仁親王御一行の御動座に見せた、あの出色の働きのように……と思われても仕方がないのである。

また下鳥羽における明智軍の［陣構え］の概要もそれとなく漏れ窺い、秀吉方に報告もし得るのである。

Q62　かくして［征夷大将軍・明智光秀］宣下か！

［別本］でその晩兼見は、光秀から献上された銀子五百枚を禁裏に持参して、長橋《ながはしの》御《お》局《つぼね》に披露し、誠仁親王にも拝謁して委細を奏上した上で親王から［奉書］が発給されるのだが……［正本］では銀子五百枚を禁裏に持参して、長橋御局へ披露および誠仁親王に拝謁

の上委細奏上のみで、［親王発給の奉書］には一言も触れてはいない、ましてその［奉書］を兼見がすぐさま、下鳥羽の光秀陣所まで届けるのだが、いわんや［奉書ヲ向州へ見之、忝之旨相心得可申入也］（光秀がその奉書を押し頂き、かたじけなく拝領致した）と感激する件《くだり》も当然［正本］には欠落している。

つまりこれは朝廷と光秀の絆を深く表わしたものであり、しかも秀吉側から見ればこの［礼状奉書］は、誠仁親王の光秀支援についての有力な証拠となるものであるから、［正本］には到底載せられるべきものではないのである。

なお、前記の［奉書］は通常、「女房奉書」といわれ『広辞苑』では、［勾当内侍《こうとうのないし》など天皇側近の女官が、勅命を受けて女消息体（散らし書）で書いて出した文書。鎌倉時代に始まり、室町時代以後多く用いられた］とあるが、この場合の［奉書］こそが、取りも直さず［征夷大将軍］の宣下であったと思われるのである。

・京都市臨済宗妙心寺・塔頭《たっちゅう》大龍院内の明智光秀の位牌に、
［惟任将軍明叟玄智大禅定門神儀］とあり、

・大津市坂本・西教寺の過去帳には、［初代坂本城主・征夷大将軍明智日向守十兵衛公
天正十年六月十四日寂　享年五五　秀岳宗光禅定門］

ともあり、これらが［征夷大将軍］宣下の蓋然性《がいぜんせい》を如実に物語っている。

また足利家ゆかりの京都五山への献金は、新将軍誕生の古式に則《のっと》った仕来《しきた》りでもあるのだ（伏見宮家『看門御記』）。

Q63　兼見が「山崎の合戦」直前に行った、落人《おちうど》対策！

・六月十日、丙申の条
［別本］日向守至摂州相働云々、
［正本］日向守至河州《かしゅう》表相働云々、（光秀は、摂津［河内《かわち》］に出兵した）
・六月十一日、丁酉の条
［別本］日向守至本陣下鳥羽帰陣、淀之城普請云々、
［正本］向州至本陣下鳥羽帰陣、淀之城普請云々、
（光秀は撤兵して下鳥羽に帰陣し、淀城を修築した）
・六月十二日、戊戌の条
［別本］在所之構普請、白川・浄土寺・聖護院《しょうごいん》三卿之人夫足合力なり、日向守敵欤自山

崎令勢、於勝竜寺城西足輕出合、在鉄放軍、此邊放火、
［正本］在所之構、南之堀普請、白川・聖護院三卿之三卿之人足合力也、自摂州山崎表へ
出足輕、勝竜寺之西ノ在所放火、此儀ニ近可衆驚、止普請皈在所、

いよいよ［別本］最終項だが、兼見は明らかに明智軍の落人対策か、白川一乗寺（左京区）・浄土寺・聖護院の人足の助勢を得て、兼見邸の門戸に近寄れぬよう普請を始める。［別本］では、勝竜寺城付近で足軽兵の発砲による小競り合いがあり、また［正本］では、羽柴秀吉軍が山崎に足軽を出兵して勝竜寺城西方の民家に放火した。

つまりこの時点で、すでに明智軍の劣勢は火を見るより明らかであり、敗北は決定的であったのだ。かくしてこの九日には、上洛した光秀を自邸でもてなしをしたほどの兼見ではあったが、手の平を返したごとく、対・光秀軍の落人対策として近寺・近郷の人足を動員して自邸の防御柵を築いたのだ。

さいわい敗走した光秀は勝竜寺城に一旦逃げ延びたのだが、もし仮に兼見邸を頼って落ちてきたら、一体いかなる対応をしたことであろうか。それが翌十三日の顚末《てんまつ》に表わされたのである。

Q64　そして秀吉に見せられる日記だけが残った！

・六月十三日、巳亥、雨降条（ここから［正本］のみ）

　中刻至山崎表鐵放之音數刻不止、及一戦歟、果而自五條口落武者數輩敗北之体也、白川一条寺邊へ落行躰也、自路次一揆出合、或者討捕、或者剝取云々、自京都知来、於山崎表合戦、日向守令敗戦、取入勝竜寺云々、討死等數輩不知數云々、天罰眼前之由流布了、落人至此表不来一人、堅指門數戸、於門内用心訖、今度南方之予諸勢、織田三七郎（信孝）・羽柴筑前守（秀吉）・池田紀伊守（恒興）・丹羽五郎長秀左衛門・蜂屋（頼隆）・堀久太郎（秀政）・矢部善七（家定）・瀬兵衛尉（中川清秀）・多羅尾、二万余取巻勝竜寺云々、然間、南方衆此表へ不来一人也

　ここから秀吉に堂々と見せられる内容の日記だ。すなわちこの日は雨降りだったが、申《さる》の刻（午後四時頃）から山崎方面で銃声が数時間続き戦闘が開始され五条口へ落武者が数人敗走する有様だった。

　みんな白川一乗寺辺りへ落ちて行くようで、途中から一揆勢（落武者狩り）の集団が出

現して、ある者は討ち取られ、ある者は身ぐるみ剝《は》がされた。京都よりの知らせでは山崎の表で合戦が行われて明智軍は敗れ、光秀は勝竜寺城に敗走して籠《こも》ったとの由。また討死にした軍勢は数知れず……と光秀軍の敗戦を綴っており、さらに、光秀の謀叛が天罰覿面《てんばつてきめん》に明らかとなって眼前に晒《さら》されて知れ渡った、と光秀を激しく糾弾している始末だ。

一方、落人が自邸にまだ一人も来ていないが、堅く門戸を閉ざして、門内で用心深く備えており、また今度光秀軍を南方より攻撃した軍勢は、織田信孝・羽柴秀吉・池田恒興・丹羽長秀・蜂屋頼隆・堀久太郎秀政・矢部家定・中川清秀・多羅尾などの二万余兵で、勝竜寺城を取り囲むと記している。

兼見が事変勃発早々の六月二日、大津へ下向する光秀を馬で追いかけて対面し、自領の安堵のためとはいえども、もっぱら光秀との接触に専念していたことは紛れもない事実であったのだ。また六日には勅使として安土城で光秀と面会し、九日には両御所へ銀子五百枚の献上も含めて、里村紹巴ともども光秀を自邸に招き、戦勝記念の壮行会を催して光秀の下鳥羽出陣を一同で見送った仲である。

然るにその一方、六月二日から十二日までの光秀に関する情報を確実に秀吉方に伝達していたわけで、秀吉の戦略上、多大な貢献をしていたことは間違いないだろう。ところが六月十二日にもなると、明智軍の落武者対策のため自邸の大々的な修築工事を行う身の変わりようだ。しかも合戦当日の、「光秀の謀叛が天罰覿面に明らかとなって……」云々とかつての親友を糾弾する様は、尋常《じんじょう》ならざる神主の側面を垣間見る心地で何とも悍《おぞ》ましい次第だが……。

とにかく秀吉に果たした働きぶりには、一段と瞠目《どうもく》に値するものがあったわけである。

Q65　秀吉と関わりの深い京都の三人衆

この『兼見卿記』の絡繰《からく》りを縷々《るる》解明してきたが、その陰で暗躍した主なスタッフとして、細川（長岡）藤孝、里村紹巴、千宗易、長谷川宗仁などが挙げられるが……とくに吉田兼見、細川藤孝、里村紹巴の関わり合いは顕著である。

細川藤孝とは『兼見卿記』によれば、正月以降六回も会っており、しかも五月十二日には藤孝・忠興父子と兼見が最終的な打ち合わせをしている節《ふし》もあったのだ。（もっとも表向きは「蹴菊興行」すなわち蹴鞠会《けまりかい》を催したことになってはいるが）何とそれは、羽柴秀吉が織田信長に備中高松救援要請の早馬を送ったあの五月十七日の五日前である。

さらに追い打ちをかけるがごとく、筆まめな兼見自身も、『兼見卿記』五月十七日から二十日の四日間が記載されず、欠落しており……羽柴秀吉方の信長への伝令方と最終台本の打ち合わせ、もしくは兼見が、姫路城辺りまで出張打ち合わせをした可能性も拭えないのだ。

すなわちこれに伴い前述の、［博多の豪商茶人・島井宗室を招く「本能寺茶会」を催す事。そしてそのコーディネーターである千宗易からその日時の確認などして、在京スタッフとも最終的な打ち合わせを行う事］などが煮詰められたのであろう。

またこの一連の打ち合わせとは別に吉田兼見は、京都所司代の村井貞勝《むらいさだかつ》（春長軒）とも昵懇《じっこん》の間柄であり、新年の折り目の挨拶伺候や［将棋会］の名目で、計六十数回に亘って村井邸に伺候していることが『兼見卿記』からも窺えるが……天正十年正月以降も七回会っており、この五月四日が最後であるが……すなわち前述の、［天正十年正月二十八日、信長が島井宗室招致の茶会を企みるが、急遽延期された件の情報］も、この村井貞勝との［将棋会］でのことで、何かと信長側の情報が入手しやすかったのである。

Q66　兼見と秀吉との親密化

さて事変から一カ月後の七月一日。兼見は尾張に滞在中の羽柴筑前守秀吉の許へ進物を持たせて、内衆《うちしゆう》の鈴鹿久左衛門《すずかきゆうざえもん》を遣わすのをはじめとして、七月十日には秀吉陣所の本圀寺《ほんこくじ》へも兼見自らが進物を持参して訪問面謁《めんえつ》している。

またその後の九月十八日、二十一日、さらに十月十九日と秀吉は度々音問《いんもん》を重ねており、しかも圧巻は七月六日の日記に里村紹巴邸にて、吉田兼見、細川藤孝の三者が会合して、［今度の仕合せ粗相相談了］（今度の仕合せ、あらあら相談しおわんぬ）と語り合った事実も記《しる》されており……とにかく光秀敗死後の秀吉との緊密ぶりは兼見が秀吉によほどの利益をもたらしたのであろうことは推測に難くはないのである。

たとえば細川藤孝父子、筒井順慶との光秀方誘降不成立（もちろんこれは秀吉の戦略の一部）や、事変後の光秀の軍事行動をはじめ、意外と整わない光秀の軍容などは、秀吉方への必勝の最大情報でもあり……あの六月九日の兼見邸での光秀激励会一つ取ってみても、光秀軍の最終布陣・攻撃に関するあらましの戦略が筒抜けになっていたとしても、何ら不思議ではないのだ。

そこでさらなることを言えば、吉田兼見・細川藤孝・里村紹巴の三人は、羽柴秀吉の陰謀による「本能寺の変」が、起こるべくして起きていること、そしてまた「山崎の合戦」のようなものが必ず起こり得ることを最大のターゲットとして、チームワークよろしく暗躍していたわけである。

しかもこの三人も同じく、戦国時代という不確実な世界にあって、その時代の「体制」を見据える鋭い洞察力を備え兼ねた傑物でもあり、かつその「体制」に阿《おもね》って強《したた》かに生き残る輩《ともがら》でもあって、同様に、織田信長、豊臣秀吉、徳川家康と三代に亘って知遇され、強かに家名の安堵を計って来たのだ。

Q67　事変直後の光秀の無策ぶりが、冤罪を示している

一方、『兼見卿記』をつぶさに読んで来てわかる通り、あの驚天動地の信長謀殺を企てた武将として光秀の十二日間は、誠にもって何ともお粗末な行動を重ねて来たといえる。

通説のいうごとく、本当に明智光秀の謀叛だったら、もっと対外的にも積極的な政策を取る必要があったはずである。

すなわち、まず娘婿の織田（津田）信澄と真っ先にコンタクトを取り、最大限に働かすべきである。また四国の長宗我部元親へ重臣の斎藤利三を派遣して逸早く接触し、かつ元親がすでに提携しているはずの毛利家とも与同して、羽柴軍を挟み撃ちにすべきだ。さらに毛利家庇護の下、備中鞆《とも》の浦に逼塞《ひっそく》していた元将軍・足利義昭を担ぎ出して入洛させれば、光秀謀叛の局面も大きく変わっていったことであろう……と私も力説した。

ところが実際の光秀は、『兼見卿記』の記述のごとく、

・二　日　山岡景隆が焼き落とした瀬田大橋の修復を命じて、三千の兵と坂本城に戻る。（本来は京都に本陣を構え、明智新政権確立の目配りを四方八方にすべきである）

・三　日　三日から四日にかけて（また十日も含めて）近江・摂津などを攻めて、猫の額《ひたい》ほどの勢力確保に費やす。

・五　日　やっと安土城に入城する。

・七　日　安土城で勅使・吉田兼見と対面。

・八　日　やがて光秀が上洛する。

・九　日　兼見邸訪問。細川藤孝父子に、光秀方参陣を要請するが拒絶される。

・十　日　一日、参陣を約した筒井順慶を待ち、洞ヶ峠《ほらがとうげ》まで出張する。

・十一日　順慶の到着を待つも合流を果たせず、下鳥羽に帰陣して淀城を修築。そして予想外の早さで東上する羽柴軍の報を聞いて、周章狼狽《しゅうしょうろうばい》する。

・十二日　切羽《せっぱ》詰まった光秀は、急遽、紀州雑賀衆・土橋平尉を通じて、［義昭上洛］受け入れの書状を送るが、時すでに遅く、羽柴軍は摂津富田に着陣する。

・十三日　午後四時頃、山崎で開戦するも敗戦、光秀は勝竜寺城に逃げ込む。

かくして『兼見卿記』によれば、いかにも情けない、ていたらくな状況裡で光秀は自滅してしまったのである。

そして［光秀には、ビジョンがない謀叛劇だった］と謗《そし》る歴史家・作家諸氏が多いのであるが……むしろそこには、突然降って湧いたような事変に対応できなかった明智光秀の、周章狼狽が手に取るようにわかる日記でもあり、このビジョンのなさが逆に光秀の冤罪を立証するものになるのではないだろうか。

つまりこの『兼見卿記』とは、［光秀冤罪説］を暗示させる日記でもあったのである。

第6章

くつがえる通説

Q68　光秀は小栗栖《おぐるす》で、竹槍に刺されていない！

それでは光秀が最期を遂げるのは、何時《いつ》、何処《どこ》でだったのだろうか。

『兼見卿記』

・六月十四日、庚子の条

昨夜甲向州敗散勝竜寺云々、未聞落所

（昨夜明智光秀が夜陰に乗じて勝竜寺城を脱出したが、落ち延び先は不明）

・六月十五日、辛丑の条

安土放火云々、自山下類火云々、（中略）向州於醍醐之邊討取一撰、其頸於村井清三、

三七殿へ令持参云々、

（安土城が放火され、城下にも類焼との由。明智光秀が醍醐《だいご》付近で討ち取られ、その首を村井清三が織田信孝殿へ届けられた）

『言経卿記』十五日、（山科言経《やましなときつね》卿）

一、惟任日向守醍醐邊ニ牢籠、則郷人一揆トメ打之、首本能寺へ上了、

（明智光秀が醍醐付近で一揆の衆に打ち取られ、その首が本能寺に晒された）

すなわち「通説」では十四日の未明、坂本城を指して落ち行く光秀が小栗栖の竹藪で、農民の竹槍に刺されて憐《あわ》れな一期《いちご》を閉じるのであるが……この『兼見卿記』、また『言経卿記』を見る限りでは共に十五日、醍醐付近で討ち取られているのだ。この著名な二人の公卿がまさか口裏を合わせて記《しる》したものではなさそうなので、まずは情報として信じてもよいであろう（ただしその首が本物であったかは別ではあるが……）。

つまりこの「小栗栖説」は、当初『甫庵太閤記《ほあんたいこうき》』で創作され、事変後百二十年に世に出た『明智軍記《あけちぐんき》』に受け継がれた俗説だが、何故かいつの間に通説化され、「本能寺の変」の定番の一つとしても伝承されて、光秀を刺した農民の名前さえ取り沙汰されている始末だ。

そこで次に「通説」でいう定番の伝承の虚構を検証していきたい。

Q69 『通説』による「本能寺の変」とは……

さて我が家の家紋も「桔梗」であり、祖父から明智光秀とは浅からぬ因縁があると聞かされて育った私は、また茶道研究家になるに至って、いつのまにか「本能寺の変」に深く関わるようにもなり、かつ、「光秀公の雪冤《せつえん》」のため二十年来その研鑽《けんさん》に励んでおる次第であるが……ところが［Q８］でも前述した、ＮＨＫ「その時歴史が動いた」のキャスターの発言、《実行犯が明智光秀であることだけははっきりしているのですが、それでは一体誰がその肩を叩いたのか……》、つまり我々は「黒幕説」、「単独犯行説」にせよ、実に四百三十三年の永きに亘って、《初めに明智光秀の謀叛ありき》から端を発した「本能寺の変」を信じ込まされて来たのである。

さらに明智光秀の不可解な謀叛の動機を決定づける最《さい》たるものとして、ＮＨＫの常套《じょうとう》説《せつ》、

《徳川家康饗応の接待役を明智光秀は不興を買い突如罷免され、毛利軍と戦う羽柴秀吉の許に駆けつけて加勢せよと命じられた。そして「丹波・近江は召し上げ、出雲・石見は切り取り次第」の上意が出される。この理不尽な国換え、そして秀吉の部下とされる屈辱、それは今まで信長に尽くして来た光秀にとって許しがたい仕打ちであった。そこに信長を亡き者にしようとしていた黒幕が、この光秀の動揺に目を付けて、光秀の肩を押したのである》（二〇〇四年四月四日放映『実行犯光秀に暗殺を命じた男』）

しかしそれをよくよく分析していく過程で……「本能寺の変」とは、『信長公記』に起因して、『川角太閤記』で潤色（脚色）され、『明智軍記』で完成した……明智光秀を「信長殺し」の主人公に仕立てた「戯作《げさく》」だったことに気付いたのだ。すなわちこの三冊に、「本能寺の変」の偏《かたよ》った原因と結果の多くが内包されていたのである。たとえば、そのNHK・常套説、◇徳川家康饗応の失態から、◇理不尽な国換え、◇光秀・小栗栖で農民の竹槍に刺されて落命……に至る歴史的事象をピックアップしていくと、「本能寺の変」の偏った事象が、この三冊から出来《しゅったい》していることに気付き唖然とするのだ。またいずれも『信長公記』は事変から二十八年後、『川角太閤記』は四十年後、『明智軍記』は百二十年後に世に出たものである。

だから当然、史料性としてはその資質を問われることになり……『信長公記』はまだしも、後者の二冊はまったくの俗書であって、史料性は極めて乏しいのである。

また以上の結論から、目下、我々が「本能寺の変」として定義づけている「通史」「通説」といわれるものが江戸時代の中期、すなわち、松尾芭蕉《まつおばしょう》のあの名句、〈月さびよ明智が妻の咄《はなし》せん〉が吟じられた頃（元禄二年）以降に完成した［歴史的伝承」を引きずっているいる「本能寺の変」に他ならないのである。

だが「歴史は時代とともにその見方、解釈が変わってくるものだ」と前述した。

とにかく今我々の書斎には、「本能寺の変」に関するありとあらゆる書誌・史料が山積している……非常に恵まれた環境にいるのだが、残念ながらすべてを生かし切っていない。

実証史学に基づいたプロセスを踏んでいない。歴史的事象を固定観念のみに捉え、いとも安易に鵜呑みにしてはいけないし、また「歴史認識における固定観念」に囚われてはいけない。歴史家とは、コロンボ刑事のようなものだ。「本能寺の変」でも、この歴史事件を、根気よく執拗に何回でも洗い直してみなければならない。

つまり散在する重要なジグソーパズルの断片を、実証史学というスケーリングに通して、虚心に組み合わせていくと、そこには自ずと「当該事件」の真実の構図が浮かび上がってくるものである。これを基本に、以下を検証していきたい。

Q70　徳川家康饗応の不興を買い、接待役を罷免される！

これもまた「本能寺の変」への光秀謀叛の定番の一つである。すなわち［家康饗応］の失態であるが……この経緯を『信長公記』で一瞥《いちべつ》してみたい。

《信長公はこの春、東国へ出陣され武田四郎勝頼・同太郎信勝、武田左馬之助など一族の主だった者たちを討ち果し、ご本意をお達しになり、駿河・遠江の領国を家康公に進呈なさった。そのお礼に、このたび徳川家康公および穴山梅雪が領国から参上することになった。信長公は［ひとときは心をこめておもてなしをせよ］……（中略）

五月十五日、家康公は番場を立ち、安土に参着された。「お宿は大宝坊がよかろう」との仰せがあり、接待役は惟任日向守に命じられた。日向守は京都・堺において珍物を調え、大変すばらしいおもてなしをいたした。それは十五日から十七日まで三日にわたったことである》（原本現代訳・榊山潤）

ところが五月十七日、件《くだん》の秀吉の早馬による救援要請で、信長も最後の決戦たるべく自ら軍勢を率いて毛利攻めの出陣を決意し、急遽光秀にも命令を下し、居城坂本に帰ったのである（だがそれは、明智軍単独の派遣ではないことを何度も申し上げているし、家康にも帰国の上、出陣を指令している。『家忠日記』)。
ところが『川角太閤記』になると、途端に状況が変わり、
《信長は、徳川家康の宿を光秀邸と定めた。ところが下検分に行ったところ、夏のことなので鮮魚のいたみが早く、すでに異臭が匂ってきた。そこで信長は、「かかる馳走にてもてなすは意外なり」と怒り、家康を泊める家を堀久太郎邸に変更した》となってしまうのだ。
そこで、《光秀はすっかり面目を失ってしまい、せっかく接待用に整えた木具や椀や、魚をのせる飯台、その他、用意して取り寄せてあった魚類の籠を、中に鮮魚を入れたままの全部を、お濠へ投げ込んでしまわれたが、なにしろ信長が臭いと仰せられた品々ゆえ、その悪臭は、安土城中吹き散らされ、臭さがひどくて、皆な気色が悪くなったと、相い聞こえ申しております》となり、あろうことか高柳光寿氏までもが、《家康の接待と西国急派の一件で、武士の面目を著しく傷つけたために、忠良な光秀もついに事に及んだ》という結論にまでに至ってしまうのである。(傍点引用者)
だがいささかこれはお怪《か》しい。以前、長野の松本城を訪れたが、憤懣《ふんまん》やるかたない光秀の心情としては、この城の濠辺りが最適であろう。江戸城にしては濠が巨大すぎて悪臭が

立ちこめるにしてもほんの一部である。いずれにしてもこの『川角太閤記』の戯作者は、安土城も、松本城と同じように四方が濠で囲まれており、汚物を抛《ほう》り込めば四方四面にわたって悪臭が漂うもの、との固定観念で噺《はなし》を進めているが、そうは簡単に問屋が卸さない。

安土城は弁天崖の尖端に築かれて、三方は琵琶湖に面しており、残る一方は、瀬田から入る大手道だけが陸続きであり、《そして大手口の橋の下では、いつも清流が走り、湖に向かって奔流して清浄であった》と宣教師・フロイスの報告書にもあった次第である。

だから『川角太閤記』の戯作者には大変申し訳ないが、普通の四方が濠に囲まれている城と違って、光秀が汚物を抛り込めば悪臭が立ちこめる以前に、水洗トイレさながらたちどころに、そのまま湖水の方へ流されてしまうのである。

この［家康饗応の失態］とは、高柳光寿氏が言うように、巷間《こうかん》にあって揣摩臆測《しまおくそく》を生む一要因でもあり、『川角太閤記』等の捏造が生まれたことと思われるが……肝心の高柳光寿氏にまで擁護されては、甚だ遺憾であるとしかいい得ないのである。

Q71 ［丹波《たんば》・近江《おうみ》は召し上げ、出雲《いずも》・石見《いわみ》は切取り次第］！

この信長の上意は、事変百二十年後に世に出た『明智軍記』（巻第十）のみの物である。

［惟任日向守、謀叛を企てる事］

・五月十八日、信長より饗応の内容を叱責され、森蘭丸ら小姓に打擲《ちょうちゃく》される。

・〃十九日、信長より饗応役罷免される。

・〃二十二日、備中の秀吉支援のため六月二日に出陣を命じられる。

《然処《シカルトコロ》ニ、青山与三ヲ上使トシテ、惟任日向守ニ出雲・石見ヲ賜フトノ儀也、光秀謹テ上意ノ趣承リシニ、青山申ケルハ、両国御拝領誠ニ以テ目出度奉存候。去《サリ》ナガラ、丹波・近江ハ召上ラル、ノ由ヲ、申捨テゾ帰リケル。爰《ここ》ニ於テ、光秀家子・郎等共闇夜ニ迷フ心地シケリ。其故ハ、出雲・石見ノ敵国ニ相向、軍《イクサ》ニ取結中ニ、旧領丹波・近江ヲ召上レンニ付テハ、妻子眷属少時《スコシ》モ身ヲ可置所ナシ……》

かくして無情な信長の上意に接し、光秀はただただ途方に暮れ、落胆するのみに対して、家臣ら一同は、信長討伐の進言を致す次第となるのである。

以上の出典を根拠にこの上意を、「光秀謀叛」の一大要因の大目玉として、作家諸氏が書き捲っているのであり、天下のNHKさんもまた然りだったのである。

つまり百二十年後に世に出た『明智軍記』だけにしか載っていない「信長の上意」が、なんと天正十年五月に歴史的真実としてフィードバックされていたのである。

そこで堪《たま》り兼ねた私は、前述「二〇〇四年四月四日放映の番組」に対して、当時のNHK・橋本元一会長に糾《ただ》した折、番組担当のチーフプロデューサー氏から回答を得たのだ。

《……まず「光秀に暗殺を命じた男」ですが、貴書にご指摘がありますように、藤田達生・三重大教授の「足利義昭関与の可能性」の仮説を元に推理を展開したものです。

◯「国替え説」の根拠に「明智軍記」を引用した点ですが、国史大辞典に＝「明智軍記は史料価値は乏しいが、便宜的に使用される」とありますように、光秀の動機の一つに「理不尽な国替え」があった可能性のあるという事の事例として引用しています》

とのことであったが……確かに合戦後の戦功に応じての移封などもあり得ようが、一つの合戦前の上意であっては、堪ったものではないし、また「便宜的に使用される」べきものでもない。

とにかくこの上意は、堪《た》えに堪えてきた光秀の謀叛への、堪忍袋の緒を切らす『明智軍記』だけの独特の方便に過ぎない虚説であって、それを堂々と書き連ねる作家諸氏こそ、お怪《か》しいのである（＊ＮＨＫさんは、独自でその後使われなくなっている）。

Q72　光秀が、謀叛を決意した［愛宕山参籠］！

ささてさて謀叛を決意した光秀を、『川角太閤記』はまたこう記《しる》すのである（志村有弘訳）。

《一、惟任日向守は居城亀山に入るとすぐに陣の用意を夜を日についで行っていると聞こえてきた。五月二十八日に愛宕へ社参した。西の坊を宿と定めて連歌を興行したということであった。これは『信長公記』に記されておりますので、余計なことでございますけれど、しかしながら、物事の序《ついで》というものがありますから、このように書き付け申した次第です。

時は今あめが下知る五月かな　　日向守

（時は今五月で、雨が天下に降っている。土岐一族の自分が天下を治める五月

であることよ）

水上まさる庭のまつ山　　　　西坊

（雨が降り続き、川の音がいっそう高く響いてくる庭の松山よ）

花落つる流れの末をせきとめて　　紹巴

（花が落ちるが、その花で流れ行く謀反の水をせきとめたいものだ）

それより百韻が終わって、亀山へ下られたのであった》

だがどうしてこのような解釈が成り立ってしまうのであろうか……

たった一つの歴史的固定観念の変換だけでも、「本能寺の変」の認識ががらりと変わって来るものである。

たとえば、一般的な光秀謀叛劇のハイライトの一つに、五月二十八日〜二十九日（通説では五月二十七日から二十八日）の、光秀の愛宕山参籠があり、この時、光秀は謀叛の意を固めたとされる。すなわち、勝軍地蔵へ勝利祈願を行い、御神籤《おみくじ》を三回引き、さらに連歌会を催し、［ときは今天が下しる五月哉］と発句して天下取りへの意志を表わしたとされる。

つまり［とき（＝土岐家《ときけ》の末裔たる私）が今、天下を下領《したし》る五月である］と無理矢理に解釈させ、これをもって光秀自身が吐露《とろ》する謀叛へのマニフェストであると、決め付けているのが現状だ。

これは明智光秀が、土岐源氏の流れを汲む明智家の正統であると決め付けての発想である。

だからこそ、また『明智軍記』にも、

《トキハ今アメガ下シルト言エルハ、光秀元来土岐ノ苗裔《びょうえい》明智ナレバ、名字ヲ季節ニ準《なぞら》エテ、今度本望ヲ達セバ、自《みずから》天下ヲ知ル心祝ヲ含メリ。挙句《あげく》ノ体モ爾《しか》ノ如シ》

と、はっきり「時」を「土岐」に擬《なぞら》えているから、江戸時代の読者も大いに合点・納得したのであろう。

だが高柳光寿氏はその主著『明智光秀』で、

《光秀が生まれた当時は文献に出て来るほどの家ではなく、光秀が立身したことによって明智氏の名が広く世に知られるにいたったのであり、（明智荘のことは知られていたが）、そのことは同時に光秀は秀吉ほど微賤《びせん》ではなかったとしても、とにかく低い身分から身を起しだということであったのである》と論じている。

　また高柳氏と並び称される明智光秀研究の権威者である桑田忠親氏も、
《最近、信長が朝廷によって『征夷大将軍』に任じられることを知った光秀が、土岐源氏の正嫡流である自分をさしおいて、平氏姓の織田信長が将軍になることを怒り、信長を本能寺に急襲したと言う奇説を主張する新進の歴史家が現れた。しかしこの場合、将軍にならど魅力を感じない信長は、朝廷の任命にも応じなかっただろうし、土岐源氏の嫡流の明智氏の直系でもなんでもない光秀が、そんな事で激怒する必要も、信長を恨むいわれも、まったくないのである。実証史学の手続きを怠ったための誤説にすぎない》と痛切に論究してもいるのである（＊傍点引用者）。
　ところが、美濃は土岐の守護代が永く続いたので、美濃出身の明智光秀も、正嫡流である名門の明智家の出自であると勘違いされてしまい、「愛宕山参籠」の連歌会で、「ときは今」と発句《ほっく》したことで、光秀謀叛の揣摩臆測に苦しんでいた世人が、「ときは＝土岐だ！信長を屠《ほふ》り、美濃の土岐系を復権させる魂胆だ！」と色めき立ったのである。

Q73　土岐家と明智家では、桔梗の家紋が違うのだ！

とにかく土岐家と明智家の違いを、端的に申し上げよう！

つまり同じ土岐源氏系を表わす「桔梗紋」でも、名族土岐氏系の「土岐桔梗紋」と、明智氏傍流であるいわゆる「（水色）桔梗紋」とでは、その「桔梗」の意匠《デザイン》がまったく異なるのだ。

この事象一つを見ても、光秀と「土岐家」とはまったく関係のないことがわかる。したがって、光秀がまさか土岐氏を背負って天下人として立つ、という気負った発句など詠《よ》むはずがないのである。

ちなみにこの光秀の「桔梗紋」は、細川家『永青《えいせい》文庫』所蔵の「桔梗が染め抜かれた明智光秀所用の小紋地《こもんじ》 裃《かみしも》」としても実証されるし……なによりも光秀の菩提寺・西教寺所蔵の、光秀の「鎧櫃《よろいびつ》」、「手あぶり火鉢」、「佩刀《はいとう》」などでもこの「桔梗紋」がはっきりと実証でき、決して土岐氏の「土岐桔梗紋」ではないのだ（＊左の挿図参照）。

土岐桔梗紋

（水色）桔梗紋

とにかく、奇しくもまさに「本能寺の変」の一年前、天正九年六月二日に上梓《じょうし》した『明智光秀家中軍法』を見てもわかる通り、光秀はきわめて理知的であり、几帳面な性格であった。またとりわけ思慮深い性格でもあった。

そんな神経の細やかな光秀が、いかに親交が厚い間柄とは言え、尋常ならざる連歌師・里村紹巴の前でぬけぬけと、「土岐源氏の末裔たる私が、いま天下を支配すべき五月になったのだ」と、信長弑逆をその決行前に堂々とマニフェストするものであろうか。

私もかつては水原秋櫻子《みずはらしゅうおうし》門下の一人でいささか俳句歴もあり、俳諧（連歌）の下地もあるつもりだが、この『愛宕百韻《あたごひゃくいん》』全句をつぶさに読んでみても月並みのごく自然な「百韻」であって、光秀の謀叛心など微塵も感じられないのである。

Q74 到底あり得ない、光秀の謀叛の動機……？

いよいよ、『川角太閤記』圧巻の、光秀謀叛の件《くだり》である。［Q5］で明智軍一万三千の兵の誤りを犯したその六月一日、京に向けて亀山を出立し、柴野辺りを打ち過ぎた折、光秀は、五人の重臣を密かに集めて決意を語り出すのだ。

《……さて、我が身三千石の折、俄かに二十五万石を頂いたが、（有能な）家臣をあまり持ち合わせず、やむを得ず他家からスカウトしたところ、岐阜において三月三日の節句に、大名・高家《こうけ》の居並ぶ前で叱られ、その後は信濃国の上諏訪《かみすわ》でも御折檻《ごせっかん》。またこの度の家康卿ご上洛では、安土で御宿をいいつかってお泊めしたところ、御馳走の次第が、どうも手を抜いて油断しているようだと、お叱りを受け、俄かに西国出陣を仰せ付けられ……だが御折檻の災いが転じて福となすで、老後の思い出に、せめて一夜でも良いから天下人に成ってみたいと、光秀このほど（謀叛を）決意した次第であるが、皆の者の同意なくば、光秀一人で本能寺に討ち入り、腹搔き切って思い出とする覚悟である、各々《おのおの》いかが、いかが……》

と涙ながらに訴えれば、溝尾内蔵助以下一同、《これは御目出度き御事、明日よりは上様（天下様）と申し奉《たてまつ》りましょう》と相成るのだ。

つまり、◇突然平課長《ひらかちょう》から、取締役に昇進したり、◇有能なスタッフを獲得するために稲葉一鉄から斎藤利三の引き抜きを咎められ、重役会議の席で折檻を受け、◇続いて［武田征伐］の帰り、上諏訪でも御折檻。◇はたまた［家康饗応］の失態で信長の怒りを買い、秀吉の下で加勢せよとの西国行を命じられたが……災い転じて福となすで、一夜でも良いから老後の思い出としてでも、主君を本能寺で討って天下人に成りたい……という次第なのだが……とにかくここがこの『川角太閤記』の一番の聞かせ処で、江戸時代の所《しょ》作事《さごと》のほとんどがこの一節を下敷きにしていると思われるのだ。

だがよくよく注意深く読み下していくと、豊臣秀次に仕えた田中義政の臣・川角三郎右衛門が元和年間に纏めたと伝わる物とは大分逸脱している。

つまりこれは、あくまでも江戸後期の木版バレン刷りの読本印刷ブームの頃に、当時の大衆作家によってデフォルメされ、さも尤《もっと》もらしく書かれたものであろう。即《すなわ》ち歴史家が史料として引用する文献にはとうてい値しない、当時の黄表紙ものに比べて硬派出版物に過ぎなかったのである。

また本書の注目すべきは、「相聞こえ申し候事」とか「人々申しあへると、承り候事」

などと聞書の痕跡が多々見られるところでもある。

Q75 ところが手軽に利用される『川角太閤記』!

とにかく大方の作家諸氏は、自家薬籠中の物としてこの『川角太閤記』や『明智軍記』などを常備していて、実に巧みに自己の文体に織り込むのである。たとえば、『川角太閤記』の前項に続いて、いよいよ、【明智勢、本能寺に乱入のこと】を念頭に置いて頂きたい。

《一、光秀は桂川に着いたとき、家中に触れたことは、［馬の轡《くつ》を切り捨て、徒歩の者たちは新しい草鞋《わらじ》、足半《あしなか》（走りやすいようにかかとがない短いぞうり）をはくこと。鉄砲の者たちは火縄を一尺五寸に切り、その口々に火をつけ五つずつ火先を逆様に下げよ》

という事であり、そうして桂川を乗り越えたのである。

《一、そこでの触れは、（次のような内容であった）［今日よりは天下様になられるので、下々の者、草履《ぞうり》取り以下にまで勇み喜びなされ」ということだった……》（志村有弘訳）

さてここに、《私はもうこれ以上の信長は書かない》という書籍広告を掲載した、津本陽氏の『覇王の夢』があり、その終章を拾い上げてみると、非常に興味深い。

（以下、津本陽氏の文章と、『川角太閤記』と『信長公記』との対比である）

☆

桂川の畔に出たとき、光秀は全軍に合戦支度の命令を下し、鉄砲足軽は火縄に点火し、引金に挟んだ。物頭が馬上から全軍に告げてまわった。

「今日よりわれらが殿は、天下様におなりなされ候あいだ、下々草履取りに至るまで、勇みよろこび候え」（『覇王の夢』）

……………………………………………………………………

《光秀は、桂川に着きしかば、家中へ触れの様子、……鉄炮の者どもは、火縄一尺五寸にきり、口々に火をわたし、五つ宛火先をさかさまにさげよ……》

《そこにての触れには、今日よりして、天下様に御成りなされ候間、下々草履取り以下に至まで勇み悦び候へとの触れなり》（『川角太閤記』）

☆

信長は不意の物音に眼ざめた。小姓に戸を開けさせると、喊声とともに落雷のような鉄砲の轟音が静寂を引き裂いた。信長は両眼に火を点じた形相になり……

「お蘭、これは謀叛じゃ。いかなる奴原のくわだてかや」

布帛を引き裂くような、するどい声であった。森蘭丸が表御殿に走り、素槍を手に戻ってきて、信長の前に片膝をつき、言上した。

「明智が者と見ゆる武者どもが、塀を打ちやぶり、斬りいって参りますに」（中略）

やがて信長は臓腑からしぼりだすような声で告げた。

「是非に及ばず。弓を持て」（『覇王の夢』）

……………………………………………………………

「既に信長公御座所本能寺取巻き、勢衆四方より乱れ入るなり。信長も御小姓衆も、当座の喧嘩を下々の者共仕出し候と思食され候の処、一向さはなく、ときの声を上げ、御殿へ鉄炮を打ち入れ候。是は謀叛歟、如何なる者の企ぞと御錠の処に、森蘭申す様に、明智が者と見え申候と言上候へば、是非に及ばずと上意候」（『信長公記』）

（かくして）

「女は苦しからず。急ぎ立ちのくがよからあず」

信長は女たちが去ったあと、生き残っている小姓たちを招いた。

「葉武者を相手にいたすな無益だぎゃ。冥途の供をいたせ」

明智勢が斬りかかろうとするのを、数人の小姓が全身血と汗にまみれて支える。

突然足もとが地震のように揺れた。信長が表御殿床下の煙硝蔵に火を投げいれたのである。

たちまち辺りは火の海となり、黒煙で何も見えなくなった。爆発は幾度もつづき、明智勢は刀槍を棄て、城門のほうへわれがちに逃げる。信長の五体は湧きあがる爆風のなかで四散し、中有の奥へ消え去ってしまった。（『覇王の夢』）

（＊だからこそ信長の遺骸は霧散してしまい、見当たらなかったのであろう……だが焼跡から大名物茶入《おおめいぶつちゃいれ》の「作物茄子《つくも》」と「勢高肩衝《せいたか》」が拾い出されている）

Q76 ［瀬田大橋］炎上の絡繰《からく》り

事変当日の『兼見卿記』にも、「事終而惟日大津下向也、山岡館放火云々」とあるが……（光秀が午後二時頃、安土城に向かい大津へ下向すると、勢多城主・山岡景隆が瀬田大橋に火を懸け、あまつさえ自城にも火を懸けて、山中に入ってしまった）というのである。

この事件は大方の史家・作家諸氏にとっては、きわめて末梢的《まつしようてき》な事象と片付けられがちだが、瀬田大橋炎上は「本能寺の変」が勃発してから、まだ十時間も経っていない事件なのだ。つまり午後二時頃京を発し、急遽安土城に向かわんとする光秀への、事前に仕組まれていた予定の行動といって決して過言ではなく、それほど山岡景隆の特異な行動には、「本能寺の変」の謎追いに欠かせない手がかりが内包されていることになるのだ。

本来ならばこの山岡景隆は、光秀を迎え出て、「一体、本能寺で何事が出来《しゆつたい》したのか」と事情を聞き、共に善後策を講じるのがごく普通の途《みち》ではなかろうか。なにしろ、かつて十五代将軍・足利義昭に共に仕えた仲であり、この十年前に景隆は、弟の山岡景友《かげとも》とともに信長に叛き、誅《ちゆう》されるところを光秀に助命され、つつがなく勢多城主の位置を保てた男である。

それなのに、事変当日の午後三時から四時頃の間に、光秀への誘降はおろか、安土城への通行を阻止するために瀬田大橋を焼いてしまうということは、これは秀吉か、家康、または他の黒幕から前もって予告され、密命が下っていたとしか考えられないのである。

もし光秀が当日、安土城に入っていたら、信長父子の生死不明のままにしろ重臣の一人として、なんらかの善後策が取られていたであろう。そうすれば天下は動揺することなく、当時伊勢にいた織田信雄《のぶかつ》か、住吉の大物浦《だいもつうら》で出艦するために大坂城にいた織田信孝《のぶたか》の、どちらかに跡目が落ち着いたことであろう。

だからこそ、それでは困る人間が、安土城に光秀を入れないように、橋を焼き落とさせてしまったのではないだろうか。それ以外には考えられない、不可思議な山岡景隆の動向である。また架橋するために砦《とりで》まで構えたということは、光秀勢は琵琶湖の付近から山岡勢に、弓・鉄炮を撃ち掛けられ、修築を妨害されたことになる。すなわち何者かが光秀を陥《おとしい》れるためにか、安土城に行かせず孤立させることによって、事変のすべてを光秀に転嫁させようとする謀《はかりごと》ではなかろうかという疑惑が、一段と濃くなって来るのだ。

当然ここにも、秀吉の陰謀の一端を垣間見る思いが強くなるのである。

Q77　一級史料の【覚】は、偽物だった！

「本能寺の変」から四百三十三年来、厳然たる一級史料として存在し続ける一通の書状がある。それが細川家『永青文庫』蔵の文書《もんじょ》であって、天正十年六月九日、明智光秀が盟友である細川藤孝に宛てた有名な【覚】である。

【覚】

一、御父子もとゆゐ御払候由、尤無余儀候、一旦、我等も腹立候へ共、思案候程、かやうニあるへきと存候、雖然、此上は大身を被出候て、御入魂所希候事、

一、国之事、内々摂津を存当候て、御のほりを相待つる、但、若之儀思召寄候ハ、是以同前ニ候、指合きと可申付候事、

一、我等不慮之儀存立候事、忠興（①）なと取立可申とての儀ニ候、更無別条候、五十日、百日之内ニハ、近国之儀可相仮堅候間、其以後十五郎、与一郎殿（②）なと引渡申候て、何事も存間敷候、委細、両人可被申候事、

以上

六月九日

光秀（花押）

（一の条）当初、御父子の振る舞いに一旦腹を立てたところ、御両者の剃髪《ていはつ》の覚悟もっとものことと存じるが、何卒大身の武将を差し出して参陣を請い願う次第である。

（二の条）領地の事は、摂津《せっつ》を差し上げるので上洛を待ちたい。また但馬《たじま》・若狭《わかさ》も御望みならば御意のままに……

（三の条）この度の不慮の儀は、忠興《ただおき》などを取り立てるためで望外な考えはない。五十日から百日で近畿一円を統一したら十五郎（光慶《みつよし》）や与一郎《よいちろう》殿（忠興）に天下を引き渡して、自分は身を引く所存。使いの両人に委細を申されたい。

というような意訳になるだろうが、主君・信長を弑逆するというとてつもない大事変も、実はこんな親馬鹿（忠興・十五郎などを取り立てるためで望外な考えはない）のなせる、他愛もない仕儀であったのだろうか……とこの書状を読み下して、私はただ唖然《あぜん》とした記憶がある。有職故実《ゆうそくこじつ》に造詣が深く、当代一級の知識人にして稀有《けう》の智将と謳《うた》われた明智光秀にしては、何と稚拙な文体であろうか。

まず目に付くのは［御のほり］（参陣）いただけるなら、摂津を差し上げ、但馬も若狭も御意のままに、という（二の条）の部分。

また①で［忠興］と呼び捨てて置きながら、急に②で［与一郎殿］と畏《かしこ》まる不自然さ。それに、この書状には宛名がないのが実に奇妙である。あまりにも近しい間柄だったので、故意に書き忘れたのであろうか。

しかもあの細川藤孝に、領土を餌《えさ》に参陣を請うたり、嫡子・忠興（与一郎）に天下を引き渡すかの示唆を見せたり、かかるていたらくな文章を読めば、この書状が偽筆であることが一目瞭然である。

Q78 ［あの文書《もんじょ》の花押《かおう》は、光秀のものではない！］

ところが、後日、戦国史研究家・立花京子《たちばなきょうこ》氏の発言を知って、私は驚愕《きょうがく》したのである。

立花氏はある対談で、［あの文書の花押は、光秀の本当の花押じゃない］と言っているのだ。

（『真説　本能寺の変』集英社刊）

《細川家には申し訳ないんですけれど、あの文書の花押がちょっとおかしいですね。光秀の本当の花押じゃない。私は「光秀文書目録」をつくるとき、光秀の花押を一二〇個ぐらい集め、その形の変化でもってその年次比定ができる表をつくりました。私の分類では天正七年の七、八月から十年の「変」までの間がⅦ型といって、細川家文書の形はそこに分類できます。一応、花押の形はそうであるけれど、ほかでは絶対見られない筆の太さがそこに現れているんですね。光秀が書いたものではないと思います。私は非常に藤孝が怪しいと睨んでいます。では、いつから怪しくなるか。さきほど申し上げた天正九年四月、宮津で連歌を巻いたときから計画が起こされたのではないかと思うのです》

花押だけは本物なのか、それすら偽物なのか。いずれにしても、従来一級史料と思われていたこの【覚】が［偽文書］であることを、私の［稚拙な文意だから］という根拠だけでなく、この立花氏の論からも大きく前進した次第である。

そこで早速懇意だった立花京子氏に、『明智光秀花押の経年変化と光秀文書の年次比定』の送付を頂き、私はますます意を強くした次第で、私の所見を述べたところ、《文体については、主観的な要素が多々付き纏うが、花押に関しては客観的に判断がしうる》と、いかにも立花さんらしい所見であった。

Q79　一体、誰が文書《もんじょ》を捏造《ねつぞう》したのか……？

では、なぜこのような［偽文書］を捏造する必要があったのか。答えは簡単だ。この文書には光秀謀叛の単純な動機が表出されており、また遠く備中・高松にいた秀吉も「本能寺の変」には無関係であったという、後日の証拠としても最適のものだったからである。

では一体誰が捏造したのか。細川藤孝と吉田兼見の合作（里村紹巴添削）と考えるのが、ごく自然だろう。紹巴も加わった三者の係り合いは緊密で、前述の『兼見卿記』天正十年七月六日の条で、この三人が紹巴邸で会談した記述［今度の仕合せ、あらあら相談しおわんぬ］にも、三人が秀吉の陰謀に大きく関わっていることが如実に表出されている。

おそらく光秀は、盟友であり姻戚関係にある細川藤孝に、本能寺襲撃は自分ではないことを言明し、参陣を請う書状（つまり現存しているこの【覚】とは逆の内容になる）を書き送ったであろう。しかしおそらくそれは、藤孝の手によって消滅したことだろう。

また一説には、光秀の使者・沼田光友が事変当日の六月二日、宮津に到達し、忠興は使者への返答に及ばず切り捨てようとしたが、藤孝が［思う旨あり］と制止したという。

そして父子共々剃髪して信長の喪《も》に服し、その一方で忠興は妻・玉（ガラシャ）を丹波味土野《みとの》へ幽閉した。かくして藤孝は、信長の喪に服すことを隠れ蓑《みの》にして［中立］という最善の方策を採ったわけであり、後程、光秀に恩顧を受けた筒井順慶もそれに倣《なら》ったのだ。

中立とはいかにも聞こえがよいが、秀吉方に与《くみ》したのも同然なことになるのである。

ところで、この件で一番腑《ふ》に落ちないことは、藤孝宛ての書状がなぜ事変より七日も過ぎた六月九日付であったのか、という点にある。あの「奇跡の中国大返し軍団」が、姫路を発して、すでに兵庫に着陣している時点でもあるのだ（もっとも、前述のように六月二日説も存在はしている）。

この遅延の事由を高柳光寿氏は、

《光秀の失敗は、細川藤孝・忠興父子や筒井順慶を味方にすることができなかったばかりでなく、池田恒興以下中川清秀・高山重友、さらに塩川氏など摂津衆を味方にすることができなかったことである。しかしこれをもって彼を無能とすることは酷である。光秀としては、これらの人々は自分の組下であるので、当然自分に味方すると考えていたであろう。それが不安であったとしても、これらの人々に圧力を加えるよりも、早く信長の本拠を覆滅《ふくめつ》しなければならない。それで安土の占領と近江の平定を先にした。これは当然である。摂津や大和や丹後は後でよい。そう考えることが至当《しとう》である。ただこの至当の処置が至当でなくなったのは急速な秀吉の進出であったのである。秀吉は高松にひっかかっている。そう考えるのが当然である。この当然が当然でなくなったので、摂津・大和・丹後の処置を後にするという至当が至当でなくなったのである》と主張している。

だが、これには首を傾けざるを得ない。何よりも電光石火のごとく逸早く威勢を示して、真っ先に細川藤孝父子や筒井順慶を、姻戚関係および恩顧を楯にして取り込めば、自ずと池田恒興・中川清秀・高山右近らも同調して与力《よりき》したことであろう。これによって明智軍は、三万有余の優勢に立てるのだ。ところが「本能寺の変」が起きてから一週間後の細川父子への接触は、本来ならば不自然なまでに遅いと言わざるを得ないのだが……恐らく事変後の早い時点で光秀は、細川父子との接触に失敗しており、結論的に申せば、この藤孝宛ての、光秀の【覚】は紛うことなく偽筆であり、羽柴秀吉と細川藤孝との間には深々としたレールがすでに敷かれていたことになるのだ。

そして、その確固たる裏付けが次なる疑惑に連なるのだ。

第7章

明かされる秀吉の陰謀

Q80 「本能寺の変」における、細川藤孝の重要な役割

羽柴秀吉と細川藤孝の密接な関係を示すものとして、天正十年七月十一日付で秀吉から細川父子に発給した、有名な『起請文』がある。

敬白起請文前書之事

一、今度、信長御不慮ニ附いて、比類なき御覚悟持ち頼もしく存じ候条、別して入魂申し上ぐるは、表裏公事を抜きんずるなく、御身上見放し申すまじき事、
一、存じ寄りの儀、心底残らず、御為よき様ニ異見申すべき事、
一、自然、中意の族これあらば、互いに直談を以て相済ますべき事、右条々もし偽りこれあるにおいては、梵天、帝釈、四大天王、惣じて日本国中大小神祇、殊に愛宕、白山、氏神御罰深重罷りこうむるべきものなり、仍って起請文件の如し、

天正拾年七月拾一日　　羽柴筑前守　秀吉（花押　血判）

長岡兵部大輔殿
長岡　与一郎殿

［今度、信長御不慮ニ附いて、比類なき御覚悟持ち頼もしく存じ候条］とは、冒頭からして尋常ならざる意味深長な文意である。細川父子の比類ないほどの秀吉方への協力を感謝しており、かつこれからの身上の保全を約束している文章なのである。

しかもそれは光秀に関する重要機密資料の提出のみならず、「山崎の合戦」で光秀方に与同せず［中立］の立場を維持したことへの感謝以上の、はなはだ鮮烈な疑惑を感じるのだ。

つまり［今度の合戦には光秀方に与《くみ》せず、よくぞ中立をまもって下さった］だけではありえない状況、とにかく諸天三宝にも請願する天晴《あっぱ》れな表彰状であったのだ。

私の考える経緯はこうである。

一、細川藤孝が吉田兼見・里村紹巴などのスタッフを取りまとめて、「本能寺の変」の事前・事後の光秀に関する動向に関する情報を逐一、秀吉に報告する。

一、藤孝自身は事変成功後、さすがにいままでの光秀との来歴があり、直接敵対行為を取ることはできず、剃髪して喪に服し、中立の立場を採ることで体裁よく回避する。

一、一方、他の光秀寄騎衆には、「某《それがし》は日向守と姻戚関係ゆえ同調致せぬが、御貴殿衆は筑前守様に与力され、御身の安堵をはかられよ」と説得した。

一、また後述の「信孝・秀吉への太刀下賜《たちかし》事件」に関しても、誠仁親王などをせっついて、その舞台裏を吉田兼見と取り仕切った。

つまり細川藤孝には（吉田兼見・里村紹巴も含めて）、「本能寺の変」が起こり得ること、そして光秀と秀吉が雌雄《しゆう》を決する「合戦」が起こり得ることは、既知の事実であった。

前述したがいつの世も、特に戦国時代というきわめて不確実な世界にあって、その時代を的確に読み取って己が次世代へと家運を賭《と》して、その生き残りをはかる強《したた》かさがなくてはならない。すなわち、その時代の「体制」を見据える鋭い洞察力を持ち、かつその「体制」に阿《おも》ねていくしか生き残れる道はないのだ。だからこそ細川藤孝・忠興父子、吉田兼見、里村紹巴の三人は、織田信長・豊臣秀吉・徳川家康と三代にわたって知遇され、家名をそれぞれ末代まで伝えているのである。

Q81　秀吉は［太刀下賜《たちかし》］によって、朝廷のお墨付きを得た！

［秀吉の陰謀］に加担した前述の三人の業績の流れとして、順序である「山崎の合戦」を一つ飛び越して、先に触れたい。

「山崎の合戦」が秀吉軍の大勝利で終わった翌日の十四日、勝竜寺城を経て上洛する織田信孝と羽柴秀吉は、桂川を渡河してすぐの［塔の森《とうもり》］で、正親町天皇の勅使として権中納言、勧修寺晴豊《かじゅうじはれとよ》、また誠仁親王の御使いとして権中納言・広橋兼勝《ひろはしかねかつ》の両公卿から太刀を下賜された。勧修寺晴豊の『日々記』（天正十年夏記）によれば、

《十四日、雨降、せうれん寺（勝竜寺）おもて打ちはたし、三七郎（信孝）・藤吉郎（秀吉）上洛之由候、余・勅使両人御太刀拝領されられ候、広橋・親王御方ヨリ御使参候、御太刀同前也、たうのもり（塔の森）まて参候て待申候、とうの林（ママ）にて中間候、一段はやはやかたしけなき由申候、両人の者馬よりおり申渡申候……（略）》

すなわち、信孝と秀吉は［早々の御使い忝《かたじけな》し］と馬から降りて、うやうやしく太刀

を拝領したのである。明智光秀を討ったのは信孝ではなく、秀吉の快挙だったことは衆目の一致するところだったが、信長の弔合戦の名目人として信孝を立て、当日やっと駆けつけた信孝の到着を待って「山崎の合戦」の火蓋が切って落とされたのだ。

信孝にしてみれば、父と兄が光秀なるものに謀殺された以上、織田家の正統の後継者は二男の信雄《のぶかつ》か、三男の自分であることは自明のことで、しかも信雄はこの弔合戦には参戦できず、すでに後れを取っていた。

では秀吉までもが、なぜこの［太刀下賜］の栄誉を浴したのか。実はここにこそ［本能寺の変＝秀吉陰謀説］の真骨頂が隠されていたのである。

すなわち、朝廷が太刀を下賜するというのは、征夷大将軍が反乱軍制圧に出陣する時の儀式である。太刀下賜によって、信孝は兄の信雄よりも……そして秀吉は同僚の重臣たちよりも、天下盗りへ大きく抜きんでたことになったのである。

しかも秀吉にとっては、主筋の信孝と比肩し得るチャンスでもあり、まったく同格となったのだ。つまり、ここで初めて次の天下を狙える資格が秀吉にも与えられたこととなる。当面は呉越同舟《ごえつどうしゅう》さながらで、後は信孝を蹴落とす機会をつくればよいわけである。

それが［清洲《きよす》会議］で具現していくことになるのだ。

では、信孝と秀吉の上洛途上に仕組まれたこの［太刀下賜］は、なぜこんなに手際よく進められたのであろうか。

朝廷は当初、未曾有のクーデターに愕き、かつ今後の趨勢《すうせい》を慎重に見極めるために息をひそめていた。そして誠仁親王に近侍する公卿・勧修寺晴豊が動きを見せた。

勧修寺晴豊は従二位権中納言の地位にあり、誠仁親王に近侍して［武家伝奏の任］に就いていたので、織田信長とも［三職推任《さんしきすいにん》］などでも度々折衝していた。また六月一日、総勢四十余人の公卿衆が本能寺の信長を訪れたが、その折の一人として晴豊も面謁している。

そこで信長から、［今度の武田攻めの自慢話を聞き、また毛利攻めはこの六月四日に出陣するが、雑作はない］ことや、［信長が十二月に閏月を入れると言うが、これは無理なことだ］と憤慨しているさまが、晴豊の『日々記』に記されている。

かくして翌早暁、その本能寺で大事件が勃発したわけだが、六月六日に誠仁親王の命を受けた晴豊が、明智光秀と親交が深い神官・吉田兼見を勅使に任命して安土城に滞在している光秀の許に下向させた。そして、光秀のかりそめの天下と関わり合い、銀子五百枚の献上を受けるのだが、晴豊も兼見から、光秀・秀吉サイドの情報を逐一蒐集・分析して親王に報告しているのである。

やがて光秀サイドが不利という結論に達するや光秀からの［銀子五百枚］献上の経緯もあり、秀吉側からの反動も怖れ、光秀が敗戦した場合に秀吉からの威嚇《いかく》され得るさまざまなシチュエーションを考慮し、かつ兼見（と細川藤孝）を介した秀吉側の強い要望として、事態が決するや否や、速やかに［太刀下賜］の実行に踏み切ったのであろう。手際の良さを勘案すると、そうとしか考えられないのである。

繰り返しになるが、この太刀下賜は、［光秀退治劇］の画竜点睛であり、次期武家の棟《とう》梁《りょう》たる［征夷大将軍］の内示を朝廷から正式に認可された、何物にも代えがたいセレモニーだったのである。

すなわちここにも、吉田兼見を仲介とした細川藤孝の［フィクサー］ぶりが如実に浮かび上がってくるのであり、藤孝に発給した前述の秀吉の『起請文』の論功行賞の一部ともなり、辻褄《つじつま》があってくるのである。

Q82 ［天王山《てんのうざん》］は、天下分け目の切り札ではなかった！

そもそも［天王山］とは何ぞや？　さっそく『広辞苑』を引くと、《京都府乙訓《おとくに》郡大山崎町にある山。標高二七〇メートル。淀川を挟んで男山に対し、京都盆地の西の出入口を扼する形勝の地で、付近一帯史跡に富む。一五八二年（天正一〇年）羽柴秀吉と明智光秀とが戦った時、この山の占領を争い、秀吉の手に帰した。これが両軍の勝敗を決したから、勝敗の分かれ目を［天王山］という……》とある。

またNHK『その時歴史が動いた』の［天下分け目の天王山］のキャスターの語りで、《光秀は天王山周辺の地形を利用した作戦を考えました。隘路《あいろ》の出口で秀吉軍を迎え撃つというのです。道幅の狭い西国街道は、一度に少しずつしか兵は通れません。光秀は秀吉軍が出て来るところを包囲して順番に撃破しようと目論んでおります。この作戦の成否は街道の脇に聳《そび》える天王山にかかっていました。ここを敵に押さえられると、光秀軍は行動の自由を失います。つまり隘路の出口で待ち受けることが出来なくなってしまいます。光秀にとっては天王山を敵に与えないことが勝利への絶対条件でした》

ところが秀吉側の中川清秀隊に天王山を先取されてしまったというのである。

だがこれは、いささかお怪《か》しい。つまり両軍がほぼ伯仲の勢力であるならば、この「天王山先取作戦」によって戦力が著しく変化してくるのであるが、光秀軍は圧倒的に兵力が足りないのである。しかも光秀軍の方が地元の利を生かして、いくらでも天王山を先取する機会があったはずだからだ。

つまりこのことを、高柳光寿氏の『本能寺・山崎の戦』で要約すると、

《戦いの要衝たる天険の天王山に拠っても、寡兵故、数日間は秀吉の大軍を支え得ても、敗北は必至。天険の天王山を初めから放棄するからには、それだけの理由があったのだ。……つまり光秀は京都を手放すことが出来なかった。(光秀の部下はともかく)他の部隊、諸侍は、彼を信長の後継者だと思っていればこそ、彼の指揮下に従属しているのである。彼が信長の後継者であると思わせることは、彼が京都を手中に握っているからである。京都を失った彼はもはや信長の後継者とは認められないであろう……光秀に残された方法は、京都南西の平野において秀吉と決戦するほかはないのである……》

とにかく「Q7」参照の「近畿管領軍」も羽柴秀吉の調略で、中川清秀・高山右近・池田恒興の寄騎衆約一万有余の兵は、あろうことか皆羽柴方に参陣し……頼みの綱の細川藤

孝・筒井順慶の寄騎衆約一万の兵も体裁よく中立を宣言してしまい……光秀軍は、山崎片家、武田元明、京極《きょうごく》高次、御牧《みまき》三左衛門、並河易家、松田左近、阿閉《あつじ》貞征などを含めた旧室町幕府衆や、近江や若狭の国衆たちで、いずれも小身の者達併せて約一万二〜三千の兵に満たず……さらに明智秀満を安土城に置く都合で三千近くの兵を割かねばならない劣勢で、総勢光秀軍・一万五千有余の兵。対する羽柴秀吉軍は三万有余の大軍である。

ちなみに「大山崎町歴史資料館」学芸員・福島克彦氏より送付願った『山崎合戦』の史料で、［山崎合戦　寛文五年（一六六五）＝山崎合戦における秀吉・光秀の布陣を後世に考証した古地図］によれば、ほぼ小泉川を挟んで両軍が戦ったと推定されている軍勢は、秀吉軍三万六千の兵に対して、光秀軍一万六千の兵になっている。

かくして光秀は勝竜寺城に近い［御坊塚《おんぼうづか》］に本陣を構え、前述の『寛文五年の古地図』の通りほぼ小泉川（円明寺川）を挟んで両軍が戦ったらしく……雨中の決戦は午後四時頃その火蓋が切って落とされ、奇しくも秀吉軍の先鋒に配された元・光秀寄騎衆、中川・高山・池田隊に目掛けて光秀軍は、御牧《みまき》隊を先鋒に諏訪隊・伊勢隊が続き、さらに攻撃の要《かなめ》たる斎藤利三隊が猛然と突撃し……中川隊・高山隊を蹂躙《じゅうりん》して攻め立て、緒戦は明智軍優勢に進んだが……池田隊・加藤隊が淀川の岸辺の砂利を利用して円明寺川の北岸に渡河し、明智軍の側面を衝く奇襲でその勢力を殺《そ》ぎ……やがて狭隘部《きょうあい》から順次繰り出て来る秀吉軍に押され、ついには兵力の差が開いて秀吉軍がその戦いを制したといわれ……すなわち、「寡兵《かへい》よく大軍を制する！」わけにはいかなかったのである。

だが光秀とて歴戦の名将の一人であれば……まずは天王山に二千ほどの兵を配し、その天王山と淀川周辺の最も狭隘な山崎の地帯に馬防柵を数多《あまた》設け、秀吉軍がその隘路と馬防柵に手こずる間に五百人程の精鋭が数回、天王山から奇襲攻撃を仕掛けて、秀吉軍の側面を衝き大混乱に陥《おとしい》れる策戦を、光秀はなぜ取らなかったのか……

だがその拠りどころとして、前述の「大山崎町歴史資料館」の史料『山崎合戦』にある、「大山崎と禁制《きんぜい》」にありそうだ。すなわち、「荏胡麻油《えごま》」の独占販売で繁栄した大山崎は、「大山崎惣中」と呼ばれる自治組織を結成しており……京都盆地の入り口という地理的立地条件が災いして、権力者達の戦争に巻き込まれることが度々重なり……つまり市街の戦場化や放火・乱暴狼藉等のリスクを負ってきたので、その保全が必要となって来たのだ。

そこで「禁制」の制度が出来《しゅったい》するのである。この「禁制」とは、一般に禁じられた行為を明記した文書のことで……すなわちその時点の為政者（戦闘者）に対して、軍事力を担う見返りに［禁制事項］を保全して貰うものである。

そこで早速「本能寺の変」が勃発するや［大山崎惣中］は、六月三日に明智光秀の［禁制］を獲得するとともに……西方から羽柴秀吉軍が東上して来る情報を得るや、秀吉が当然サポートするであろう織田信孝の［禁制］も、六月七日に獲得しているのである。

さて天性の機智に富み、人誑《ひとたら》しに長《た》けた秀吉に比べ……有職故実《ゆうそくこじつ》に富む武将ではあるが、謹厳実直さも窺える光秀にとっては、自らが発給した［禁制］自体に逆に束縛されて、その陣取り策戦にも融通性を欠き、予想外の東上の早さと寡兵もさりながら、効果的な羽柴軍迎撃策戦の布陣にも逡巡して、あたら好機を逸してしまったのであろうか。

とにかく［禁制］にも形振《なりふ》り構わず、戦いに徹しきれなかった光秀は、負けるべくして敗れ去ったのであるが……その裏には当然、軍勢の調略も含めて、緻密に仕組まれた秀吉の絡繰《からく》りが存在していたのである。

Q83 誰が［安土城］を炎上させたのか……？

織田信長によって築城された安土城は、「山崎の合戦」後焼失している。しかもこの安土城炎上は、織田信雄《のぶかつ》の仕業《しわざ》ということで、歴史的事実の一つとして定着している。

そこで高柳光寿氏の『明智光秀』を見てみると、

《光秀が弑逆を決行する当時、信長の次子信雄は伊勢にいた。しかしその兵の大部分は信孝の四国征伐に従軍していたので、わずかの守兵だけであり、到底光秀に対抗し得る力はなく、いわんや積極的に攻勢に出ることができるようなものではなかった。だから彼は光秀が滅亡したのち、安土城の守兵となっていた明智秀満が安土城を棄てたのちに、ここに入り、しかも狼狽していたのであろう。すでに安全となった安土城を焼いたという有様であった……》と書かれている。

また宣教師フロイスの『耶蘇会日本年報』でも、

《安土山において津（摂津）の国において起こった敗亡（光秀敗亡）が聞こえて、明智が同所に置いた守将は、勇気を失い、急遽、坂本に退いたが、余り急いだため、安土に火をかけなかった。併し主は信長栄華の記念を残さざるため、敵の見逃した広大なる建築のそのまま遺ることを許し給わず、附近にいた信長の一子が、いかなる理由によるか明らかではなく城の最高の主要な室に火をつけさせ、ついに市にも火をつけることを命じた……》と駄目を押す始末だ。信長が「天下布武」の夢を託し壮麗を極めた美城も、あわれ愚息の手によって六月十五日、琵琶湖を赤々と染め、悲しいほど美しく映えて炎上してしまったのである（＊いずれの傍点も引用者で、私の方がかえって理解に苦しむ処でもある）。

しかし、では信雄は、何のために安土城を炎上させたのであろうか。信雄が放火する根拠は、実はまったく見当たらない。信雄の立場を理詰めで考えればわかりきったことだ。父信長、兄信忠が非業《ひごう》の死を遂げたが、信孝・秀吉連合軍が明智光秀を斃《たお》している。天下は混乱しているものの、自分（信雄）はれっきとした織田家後継者の筆頭であり、柴田勝家・羽柴秀吉など重臣が合議して、自分を後継者に推すことは紛れもない。となれば、自分がこの安土城の主となって父の遺業を継ぐわけで、この城こそ掛け替えのない権威の象徴である。

その安土城を、たとえいかなる暗愚な性格としても、放火するだろうか。それこそ家臣の津田掃部《かもん》や小坂孫九郎《おざかまごくろう》あたりが、命を賭してでも諫《いさ》めたことであろう。

一方、歴史研究家の滝喜義《たききよし》氏は『「武功夜話」のすべて』（新人物往来社）で、光秀の重臣である「放火犯＝明智佐馬助説」を唱えている。

だが滝氏のこの説は、『細川家記』や『武功夜話』、さらに俗書として悪名の高い『明智軍記』などからの出典を根拠とするので、かなり無理な話である（『細川家記』は、事変から二百年後の天明二年（一七八二）頃、世に出ている）。

では、安土城炎上の指令を出した黒幕とは……という問いかけは最早愚問に等しく、取りも直さず羽柴秀吉しかいないのである。

秀吉にとっての、［安土城炎上］のメリットはこうである。光秀成敗後といえども、安土城が焼失しない限り、織田信長の権力の象徴がいまだに生き残っていることになるのだ。

また［清洲会議］において決定した織田家の後継者・三法師《さんぼうし》（秀信《ひでのぶ》）も、安土城が残っていればそこに当然入ることになる。その後見人として三法師を補佐する秀吉にとっては、かなりの不都合が生じることとなるのだ。

また、いったんは後継者から外した三法師の叔父・信雄ないし信孝が入城して、執政として居直られる公算大である。その上安土城が存続すると、反秀吉派の筆頭・柴田勝家が信孝を擁して籠城してしまう恐れもある。秀吉としてはその制圧に長時間を要することとなって、天下統一が遠のく可能性も大なのだ。

ところが、実際には安土城が焼失してしまっている。そのため［清洲会議］では、

・三法師には近江の内で三十万石の領地をつけ、前田玄以《げんい》・長谷川丹波守の両人がその側近にあってお守役を務め、その指図と責任を羽柴秀吉が負うこと。

・政治行政にわたる後見役として信雄・信孝の両人が相務め、三法師の成人の日まで代行すること。

・安土城焼失のため、そこに屋形ができるまで、暫時《ざんじ》、三法師の身柄は信孝が岐阜城で預かること。

などが決定された。傀儡化《かいらいか》した織田家後継者・三法師のために秀吉は新たな居城を築城し、その勢力の及ぶ範囲内で後見人として織田政権を経営できるのである。

つまり秀吉にとっては、織田信長父子と同時に安土城が焼失することが、なによりも天下盗りへの大前提だったのだ。

かくして信長・信忠父子の謀殺と明智討ちに成功し、さらに安土城炎上の目論見も、もののの見事に達成したのである。

当然、黒幕は秀吉だったとして、それでは［安土城炎上］の実行犯は誰だったのか。

私は唐突にも蒲生氏郷《がもううじさと》を挙げたい……すなわちこの時点で安土城周辺には、この日野城の蒲生氏郷軍と伊勢の織田信雄軍、かつ交通の要衝である瀬田大橋を守る勢多城主・山岡景隆軍のみだったのだ。そして事変を知るや織田信雄は、急遽兵を率いて亀山から鈴鹿峠を進んで近江土山《つちやま》に布陣していた（氏郷の日野城とは目と鼻の先だった）。

もし瀬田大橋が山岡軍に焼き落とされず、光秀が坂本勢三千を率いて事変当日に安土城に入っていたら、どうなっていたであろうか。

安土城には信長の妻室を含む一族がおり、光秀が事変の顛末《てんまつ》を事細かに語り、かつ伊勢から織田信雄も呼び寄せて今後の織田家の立て直しの政策を図ったことであろう。だからこそ秀吉はそのためにも勢多城主・山岡景隆に指示して瀬田大橋を焼き落とさせたのだ。

また織田信雄に対しても、中川清秀宛書状（『梅林寺文書』）と同様の書状を発信して、

・上様（信長）・殿様（信忠）は御無事で退去されておられるし、

・この事変は、まさしく明智光秀による叛乱であるし、
・やがて上様・殿様が軍容を調えて光秀を成敗されるであろうから、暫時静観されたい。
などと書き送っていたはずである。何よりも、織田信雄が安土城に入って事を構えることを徹底阻止したかったのだ。

計画通りに山崎で明智光秀討伐に成功すると、蒲生氏郷をメインとした本能寺襲撃の残存部隊が安土城を炎上させる……巧みに足止めをされていた織田信雄は、牽制を解かれて周章狼狽の態で安土城に駆けつけるが、その時すでに父の築いた華麗な美城は灰燼に帰していたのだ。かくして織田信雄による［安土城炎上］というシナリオも見事に達成されたことになったのである。

蒲生氏郷は近江国蒲生郡日野の城主・蒲生賢秀《かたひで》の嫡子で、信長の許に質子《ちし》に出されてその器量が認められ、永禄十二年（一五六九）岐阜城で元服。後、信長の娘・冬姫と結婚する。「本能寺の変」勃発前に父賢秀ともども、木村次郎左衛門などと安土城・二の丸御留守居番を務めていたが……この頃から羽柴秀吉に近接していたと思われ、本能寺襲撃軍の一部を吸収して明智軍の攻撃にも備え、［安土城炎上］も実行する。

その後［賤ヶ岳合戦］前、柴田勝家方に与同せんとした父・賢秀、並びに家臣一同を説いて、城中詮議で羽柴秀吉方への与同を決め……この時すでに氏郷は、秀吉に完全に籠絡されていたことになる（質子《ちし》に差し出した妹が、秀吉の側室［三条局《さんじょうのつぼね》］に直っている）。

端的に言って、織田信長による日野四万石の氏郷が、秀吉の天下でなぜ破格の九十二万石までに出世し得たのであろうか。あの小早川隆景ですら六十二万石に過ぎなかったのだ。

秀吉の実弟・秀長の百万石、丹羽長秀の百四十万石に次ぐ九十二万石という破格の大身は、そんじょそこらの働きでは成り得ないのである。さらに氏郷は、四十歳という若さで亡くなっているが、それは公然と［毒殺］と囁《ささや》かれている。

徳川家康と伊達政宗《だてまさむね》の御目付役として会津若松の在だった蒲生氏郷が、徳川家辺りにあまりにも近接し過ぎたと思われたのでもあろうか……

Q84 『明智軍記』が記《しる》した光秀の［辞世］

さて『明智軍記』で、明智光秀が最期を迎える件《くだり》である……六月十三日の「山崎の合戦」で一敗地に塗《まみ》れ、夜も明けやらぬ闇の中、再起を期して坂本城を目指す一行である。

《……村越三十郎・堀与十郎・進士作衛門ヲ先打トシ、溝尾庄衛兵・比田帯刀ヲ後陣トシテ其勢五百余騎、十三日ノ亥ノ刻ニ勝竜寺ヲ出、川端ヲ上リニ、北淀ヨリ深草ヲ過ケルニ、家来共終日ノ戦ニ人馬共ニ草臥ケレバ、或ハ疲伏、又ハ落失テ、雑兵共ニ漸ク三十騎ニゾ成ニケル、斯テ、十四日丑ノ刻ノ剋計、小栗栖ノ里ヲ歴ケル処ニ、郷人共蜂起シテ、落人ノ通ルニ物具剝ト訇《ノノシ》ル声シテ、鑓ヲ以テ竹垣ゴシニ無体ニ突タリケル、日向守ハ、馬上六騎目ニ通シ処ニ、薄雲ニヤ有ケン。脇ノ下ヲゾ撞レケル。其時、是ハ何者ナレバ狼藉ナリト言ケレバ、郷人鑓ヲ捨皆々北去《ニゲサリ》ヌ。斯テ、三町計往過タレトモ、彼鑓疵痛手ナレバ、光秀道ノ傍ニ馬ヲ乗寄、鑓ヲ田ノ中ニ立置ケル、是ハ鑓ヲステ、逃タルト、後人ニソシラレジトナリ。扨、溝尾庄衛兵茂朝ニ申ケルハ、唯今手負タレバ坂本迄ハ行付ガタシ。然レバ、爰ニテ自害セント思フナリ。是ハ辞世ナリ。汝ニ与ヘントテ、鎧ノ引合ヨリ一紙を取出スル。溝尾謹デ是ヲ見ルニ、

逆順無二門　大道徹心源　（逆順に二門無く　大道心源に徹し）
五十五年夢　覚来帰一元　（五十五年の夢　覚め来りなば一元に帰す）
明窓玄智禅定門

トゾ書ケル。是ヲ読ケル間ニ、光秀脇指ヲ抜テ、腹一文字ニ掻切ケレバ、茂朝鷲キナガラ、即介錯シケリ……》

とにかくこの一節が特に傑出しており、ここから二つの歴史的既成事実が出来《しゅったい》する。
◇すなわち［五十五年の夢］という光秀の遺偈《ゆいげ》を創作して、いつしかここから光秀の享年［五十五歳説］が定着してしまった事（だが『當代記』には、六十七歳とある）。
◇また『甫庵太閤記《ほあんたいこうき》』の創作を引きついで、［小栗栖《おぐるす》での竹槍刺殺］が記されているが、光秀ほどの豪の者が、一介の百姓の突き出した竹槍に易々と堅固な（筈の）銅の脇腹を貫通され、憐れにも落命する訳とてもないが、「本能寺の変」の定番中の一つである（前述［Q68］の『兼見卿記』『言経卿記』には、［六月十五日・醍醐付近］でとある）。

☆

また『明智軍記』の好例として、［光秀の妻・熙子《ひろこ》自刃］の名場面がある……光秀敗死の報を受けて坂本城内に残る将兵は一堂に会し、籠城か、華々しく打って出て一戦を交えるかを協議している折柄……

《此辺ノ儀如何スベキト申サル、処ニ、光秀ガ妻室、侍女四五人召具シ、奥ヨリ立出申ケルハ、此体ニ成果ヌル上ハ、兎角ノ評定ニ及間敷候。何方へ成トモ郎等共ハ皆落シ遣シ、城ニ火ヲカケ、傍《カタガタ》御兩所我等親子速ニ自害セシメ候ハバ、末代迄モ当家ノ恥辱ハ有間敷候。長僉議《センギ》ニ時剋ヲ移シ、敵ニ寄ラレナバ、未練ノ覚悟ニモ相聞へ、其上家来ノ輩モ落散間敷旨申ナバ、無詮事ニ候間、此趣早々何茂へ沙汰有ベシト申ケレバ、両将此由聞、女性ノ所存ニテ係ル金言ハ類少キナル哉ト、感涙ヲゾ流しケル……（かくして最後のクライマックスへ）……日向守妻室四十八、乙寿丸八歳ナリシガ、静ニ念仏シテ、現世ハ即火宅ニセヨトテ、城ノ内外悉ク火ヲ懸サセ生害シケレバ、附々ノ侍女十余人モ同ク御供申サントテ、猛火ノ中へゾ入ニケル……》という次第で、一大悲劇の幕が閉じるのである（＊『明智軍記』では、［光秀が妻室］を熙子とは言っていないが、大方の作家諸氏が熙子と決めつけているのである。たとえば『明智軍記』からの影響として、次の一文がある……）。

《天正一〇年六月一三日、山崎の戦いで明智光秀は敗死した。近江坂本城では、籠城か華々しく打って出るか、議論が百出していた。いつもは控え目の熙子がこの時凛然と言い放った。

「当家の時運はもはやこれまで。とかくの評定は時間の無駄なり。早々に郎党どもを落した後、城に火をかけ、われら一族は自害せん」

夫に遅れること二日、熙子は城とともに滅びた。享年四八とも五三ともいう

（講談社刊『日本の合戦』〔山崎の戦い〕＝〔戦乱のなかの女性たち〕〈文・左方郁子〉）

だが光秀の妻・熙子は、〔Q53〕西教寺の過去帳によれば天正四年十一月七日に没している（享年四二歳）とした。

またこの『明智軍記』にある〔光秀が妻室〕を、私は伊賀国柘植《つげ》城主・喜多村保光《きたむらやすみつ》の娘〔お容《よう》の方〕と特定して、『文藝春秋』（二〇〇八年・十二月号）に発表しているし……〔乙寿丸〕も生き残っており、その末裔として〔明智光秀公顕彰会〕会員で、荒深光正氏（岐阜県美濃加茂市在住）が現存されている。

さて「本能寺の変」の通説とは、すべてが《初めに光秀の謀叛ありき》から端を発し……ご覧の通り『信長公記』で起因し、『川角太閤記』で潤色され、『明智軍記』で完成さ

れた、と申し上げたが……これらの歴史事象が、たとえば文楽の『絵本太功記《えほんたいこうき》』や、歌舞伎の『時今也桔梗旗揚《ときいまききようのはたあげ》』などの大衆芸能まで敷衍《ふえん》されて、江戸時代後期に捏《つく》りあげられた物を、今もなお多くの作家諸氏が引き継がれて、創作活動を続けているとしか思えないのだ。

とにかくよくよく考えてみれば、この「本能寺の変」ほど摩訶《まか》不思議なものはない。

すなわち明智光秀は、織田信長が極めて少人数で本能寺に宿泊する機会を捉えて、同寺を一万三千の兵で囲み近隣の織田信忠共々、主君の信長を突然襲ってこれを弑逆したというのだ。しかも当の光秀の襲撃目的にしても皆目判然とせず、前もって周到緻密な準備の跡もこれなく、ただ闇雲に信長の見せた間隙の一瞬の機会を捉えて謀叛に及んで成功したという、誠にもって非現実極まりない事変だったのである。

つまりこの光秀には、事変遂行に対する［理由］も見当たらず、また［計画］や［準備］すらなく、かつ事変後の的確な［対応］すらなく……ましてや、いわゆる［根回し］や［裏工作］に類することも一切見受けられなかったことを、もう一度見直すべきである。

Q85 事変直前の茶会からも明らかな、[光秀冤罪説]

しかも天正十年正月に至るまでの信長と光秀の間には、不協和音が一切聴こえてこない。

特に同年正月における［安土城参賀］と、［光秀・朝茶会］を垣間見るにつけ、光秀の信長への忠誠ぶりが明らかなのだ（いずれも『天王寺屋他會記』から）。

◇［安土城参賀］＝天正十年正月朔日。

織田家の大名・小名・連枝の人々は安土城に宿泊して［安土城参賀］に伺候《しこう》する。［御札銭百文ずつ各自持参せよ］と堀久太郎、長谷川竹両人が触れ回っている。人々は［御幸《みゆき》の間《ま》］を拝見する。そして厩口で百文ずつの札銭を信長自身が受け取って、御後に投げられたと『信長公記』にもある（筒井順慶も参賀に参席）。また『天王寺屋他會記』によれば、堺衆からも今井宗久・宗薫親子、千宗易、山上宗二、津田宗及といった錚々《そうそう》たる面々も参賀している。

そして明智光秀、松井有閑が［御幸の間］を一番に拝観しており、しかも生きた鶴を拝領する栄誉にも浴している（この時代は鶴をよく食したらしく、『利休百会記』の［織田信長御成茶会〕にも、〔▽汁　鶴〕の記載がある）。続いて正月七日の光秀・茶会である。

◇〔光秀・朝茶会〕＝天正十年正月七日。山上宗二、津田宗及を招いての茶会である。

床には、主君信長の『御自筆《ごじひつ》』を掛け、炉には、これまた信長から拝領した有名な『八角釜』を懸け、床に、『八重櫻の大壺』を網に入れて飾っており、臺子《だいす》（台子）の上の長盆に『大海《たいかい》』と『肩衝《かたつき》』の茶入二点を共に並べてあり、臺子の下には、錫製《すずせい》の『駅鈴《えきれい》の蓋《ふた》置《おき》』（大宝令で制度化された、各駅ごとの連絡の印）、茶碗はカウライ（高麗）もので、深茶碗と平茶碗を二つに重ねて、そして津田宗及がお茶を点《た》て（茶頭《さどう》を致し）、まず光秀が一服喫している。

この茶会は坂本城でのことと思うが、何とも平穏な、ただひたすら主君信長を立てての茶会ぶりであり、これが半年後に〔主殺し〕をする光秀とは到底思われない茶趣に溢《あふ》れている。わざわざ信長の『直筆』を掛けること自体、他の家臣には例を見ないことである。また『八角釜』も天正六年正月に信長から拝領したもので、光秀は好んで事あるごとに使っていたものだ。

年の初めの改まった茶会に、ことさら、主君信長の直筆なり拝領品を自慢げにあしらう茶会の茶趣たるや、まさに信長への忠誠心の表われに外ならないのだ。

◇さて続いてもう一つの茶会は、「正月二十五日朝、はかたの宗叱（島井宗室）、津田宗及を招いての朝茶会」で、前述の「Q37」の「本能寺茶会」で詳述した。

だがこの茶会の特筆すべきところは、紛れもなく前述の正月七日の茶会の後に、また新たに信長から名物の「平釜」を拝領した、そのお披露目の茶会でもあることだ。

とにかく「本能寺の変」の約四カ月前でもまだ光秀は、さらに信長から取り立てて貰える歓びに浸っており、その経緯を得意になって宗室らに話していたことであろう。

（また考えようによっては、よんどころない事情で島井宗室との茶会を反故にしてしまった信長が、後日に繋がるよう宗室を鄭重にもてなせ……との意を汲み取った茶会であったのかも知れない）

以上を記載してある『天王寺屋他會記』（「津田宗及会記」）は、まさに一級史料である。

また、信長が光秀を信頼しているからこそ、この一連の茶会にあるような『平釜』や『八角釜』の他、『牧谿筆・椿の絵』など多数の茶道具を拝領しているし、光秀も折に触れて得意げにそれらを披露した茶会を催していたのだ。

『天王寺屋他會記』における天正十年正月一日の［安土城参賀］と、光秀の二つの茶会を見たが、いずれも信長を立てる茶会であり、「本能寺の変」が四カ月後に迫っていながら、光秀には謀叛の意志などさらさらなさそうである。

Q86 「本能寺の変」直前の平穏な日々

一月の茶会後の光秀には、さしたる動きもなく、信長の信濃の国への出陣に当たって、［二月九日、惟任日向守は出陣の用意をして置く事。この度は遠陣（遠征）であるから、なるべく軍兵は少なく伴い、在陣中も兵糧が続くように支給することが肝要である。ただし少ない軍勢でも多く見えるよう、一人一人が持てるかぎりの力を発揮しなければならない］旨、指令する。

その後の動きを簡単にまとめると、
・三月四日、光秀出兵。
・翌五日、信長も信濃へ出馬。光秀軍は綺麗に飾って信長に伴い出陣した。

・十一日、武田勝頼の最期。
・十八日、信長は高遠《たかとお》城に在陣し、翌十九日には上諏訪《かみすわ》の法花寺《ほうけじ》に陣を構え、各方面の十九の武将に備えを指示し、光秀も在陣する（この時のことが「上諏訪での御折檻」として喧伝されるのだ）。
・五月十日頃、在荘中（軍事休暇）の光秀は、信長から徳川家康饗応役を申し付かる。『兼見卿記』には「今度徳川信長為御礼安土登城云々、惟任日向守在荘申付云々」（徳川家康が信長へ御礼参上のため安土城に来たので、たまたま軍事休暇中の光秀が接待を仰せつかった）とある。
・また織田信長が書いた最後の書状は、天正十年四月廿四日の細川藤孝宛てだが、そこには、《中国攻めには、余の命令次第出陣し、詳しいことは惟任日向守の指令を受けよ……》とあり、「本能寺の変」一カ月前にもかかわらず、まだ信長は光秀を信頼しきっていたのである。

かくして歴史の流れが「本能寺の変」へと向かう。正月の茶会から事変まで、光秀には平穏な日々が続いていたように見えるのだが……通説の立場に立つと、どうしても明智光秀は謀叛を企てなければならないのだ。そこで作家諸氏は相も変わらず、これまでの通説にのっとって、かつ各々が「これこそが、光秀の謀叛の真の動機」と、付加価値まがいを無理矢理に押し付けるべく苦労するのである。

Q87　決め手にならなかった、「四国政策原因説」

そして歴史研究家・桐野作人氏は、「四国政策原因説」に起因した「斎藤利三煽動説《せんどうせつ》」を主唱している。またこの説に同調する歴史家・作家が複数いるのだが、まず一般的な通説としてこの「四国政策」を確認しておこう。

当時四国では土佐《とさ》に本拠を置く長宗我部元親と、阿波《あわ》徳島に本拠を置く三好康長《みよしやすなが》（笑岩《しょうがん》）とが激しく鎬《しのぎ》を削り合っていた。だが天正元年頃はまだ信長は敵に囲まれており、四国までは手も廻らず、長宗我部氏と結んで勢力を伸ばそうとしていたのだ。

いわゆる「遠国融和、近国攻撃」（遠方と交わり、近隣を攻める）のセオリーに従って、長宗我部元親に「四国切り取り次第」の朱印状を出し、その取次をしたのが光秀であり、光秀に頼った元親は、信長に忠誠を誓うことで安心して合戦を続け、四国全土を制覇しか

ねない勢いを見せていた。天正八年六月二十六日の『信長公記』にも、
《土佐の国を補佐させられた長宗我部土佐守（元親）から、惟任日向守の取り次ぎで、ごあいさつがわりに鷹十六羽ならびに砂糖三千斤が献上された。そこでお馬回り衆へその砂糖を下されたのであった。》（榊山潤訳）
と記載されているほど、元親は信長に恭順していたのだ。
ところが長宗我部元親によって徳島の城も奪われ逼迫した三好康長は、羽柴秀吉の甥である秀次を養子に預かっていた縁で秀吉を頼り、信長に天下に隠れもなき大名物《おおめいぶつ》の［三日月の茶壺］を進上し、秀吉の口添えで元親を成敗するよう懇願した。
一方信長も［天下布武］も間近になり、石山本願寺や三好氏の後顧の憂いもなくなった今、秀吉の提案を受け入れて天正九年六月、突然思いもよらぬ命令を元親に発令したのだ。
［阿州面《おもて》の事、別して馳走専一に候］（阿波の支配は三好氏に任せるので、長宗我部氏

は、三好氏を援助すること）

阿波は、長宗我部元親が自らの手で勝ち取った領土として得難い土地だ。それを一方的に三好氏に割譲せよとは、到底承服できないことである。信長に忠誠を誓ったのも、領土を保証してもらえるものと思ったからこそであったのだ。それなのに、ここに来て突然取り上げるとは……

元親が命令に従わないと見るや、信長は四国侵攻を命じた。その真の狙いは三男信孝を三好康長の養子とすることで、四国全土の制覇であることは明白だった。しかもその成り行きに驚く光秀を、信長は四国担当から外してしまったのである。

このあたりから光秀は、信長の改革に対して疑念と恐怖心を抱き始めたという。「本能寺の変」の半年前のことである。光秀とて長年にわたって信長＝元親の取次をしておきながら、事ここに至って秀吉側に出し抜かれ、織田信孝を総大将とした今回の四国制覇は、思い余る悔しさも多々あったことであろうと強調されるのである。

加うるに［家康饗応役罷免］［秀吉の配下で中国攻め］［理不尽な国替えの上意］などの怨恨の相乗効果が積み重なり、さしもの忠臣・明智光秀の堪忍袋の緒が切れる寸前で信長弑逆を模索していた矢先に、重臣・斎藤利三が義弟の長宗我部元親を援けるべく……かつ信長の数々の非道（主君光秀への度重なる御折檻。また目に余る信長の非道な諸振舞い等々）を踏まえて主君光秀に謀叛の決行を進言し、光秀もこの一言で信長弑逆に踏み切ったのだとする……以上が今までの、一般的な通説である。

☆

そこで立花京子氏の『朝廷関与・イエズス会黒幕説』や、藤田達生氏の『足利義昭黒幕説』とは異なって、一段とキナ臭さを感じる［斎藤利三煽動説］を主唱する桐野作人氏の『だれが信長を殺したのか』（ＰＨＰ新書）を十二分に検証すべきであろうが……紙面の都合上各自でこの書を読まれてご判断頂きたい。

私の結論を端的に述べるならば……「本能寺の変」に関しては、明智光秀（斎藤利三）と長宗我部元親は一切与同していなかったことである。

つまり一義的にはすでにこの本書で、明智光秀（斎藤利三）と、長宗我部元親との間の無関係さ（脈絡のなさ）を強調して来た。

二義的という表現があるならば、長宗我部元親の末弟・親房《ちかふさ》から十七代目の当主である長宗我部友親《ともちか》氏の著書『長宗我部』（バジリコ刊）から引用してみたい。

《『元親記』には、「斎藤内蔵助（利三）は四国のことを気づかってか、明智謀叛の戦いを差し急いだ」とある。これは明智光秀とその参謀格であった斎藤利三が、四国の元親のことを考慮して謀叛の決行を急いだ、ということである。この記述をそのまま信ずることはできない……（中略）一方、この知らせを受けた嫡男信親《のぶちか》は、海部《かいふ》城に手勢を集めて入り、この際一気に勝瑞《しょうずい》城を攻め落とす態勢をとった。そして、元親の命令を待った。好機到来とばかりに「本格的な総攻め」を元親に強く進言したのである。ところが、このときの元親の動きは不可解であった。岡豊城にいた元親はなぜかかたくなに動こうとしなかったのだ。血気にはやる信親と元親の弟長宗我部親泰ら重臣に時期を待つようにとどめている》

というような状態で四国内の攻略はおろか、明らかに光秀・利三＝元親の間には、なんらの与同（脈絡）も一切なかったことになるのだ。

これではせっかくの桐野氏の著書の帯書きにもある［本能寺の変の仕掛け人、斎藤利三］云々も、勢い消極的にならざるを得ないわけである。

また［利三は元親の義兄だった］と桐野氏は書いており、また他の著作でも、斎藤利三が長宗我部元親の義兄であった、という表現に度々出会うが、利三と元親が義兄弟であるためには、利三の妹が元親に嫁ぐことが必要である。

ところが、厳密には元親は永禄六年（一五六三）頃、幕府奉行衆の石谷《いしがい》兵部大輔光政の娘を正室としている。すなわち、利三の兄・頼辰《よりとき》が石谷光政の娘婿となり、その妻の妹が元親に嫁いでいたのだ。またさらに元親の嫡子・信親が頼辰の娘を正室に迎えているので、むしろ利三の兄・石谷頼辰の方が長宗我部元親と繋がりがきわめて深い。

だから当の斎藤利三と長宗我部元親とは義兄弟ではない。利三の実兄（頼辰）の妻の妹が元親に嫁いだのであって、つまり「兄貴の妻の妹の夫」が困っているのであって、巷間喧伝されていたほどの近しい「姻戚関係」ではなかったのである。

さらに言えば、利三の実兄（頼辰）の妻は利三にとって義姉だが、その妻の妹は利三にとって最早義妹ではなく、ましてや利三と元親は義兄弟などと言える関係では到底ない。何とも表現ができない関係であると、私は東京都港区役所の戸籍係の方からいわれたのである。

もっとも、泉淳・現代訳『元親記』（勉誠社）（註一）には、

《長宗我部氏は、信長公とは御上洛前から交流があった。その取り次ぎは明智光秀殿であ

った。明智殿の身内《みうち》、斎藤内蔵助は元親にとって小舅である。即ち元親の室は斎藤氏の妹であった。この縁辺により、明智殿を介して信長公とは、元親嫡子弥三郎の実名《じつみよう》の契約が成立した……略》とあり、偏諱《へんき》として信長から「信」の一字を賜り、「信親《のぶちか》」に成った件《くだり》であるが……この辺りから「利三義兄説」が一般化されたのであろう（傍点引用者）。

だがどう考えてみても、この『元親記』の方が誤りのようである。

＊（註一）この『元親記』は、長宗我部元親の側近だった高島孫右衛門が、元親の三十三回忌に当たる寛永八年（一六三一）五月に元親を偲んで、事変から四十九年後に書かれた一種の回顧録であって、信憑性には乏しい。

むしろ光秀の方が元親に対して、信長に臣従すれば安泰であると説得していた成り行きから、かかる失態となり面子《めんつ》が丸潰れになったことは事実であろうが……

「仏の嘘は方便、武士の嘘は武略といふ」のが本当に光秀のいった箴言《しんげん》であるならば、所詮、光秀自身も潔《いさぎよ》く、割り切らねばならないことであったのだ（『老人雑話』・載）。

Q88　家臣の誰しもが、信長暗殺を望んでいた？

信長の暗殺もなく、無事に［天下布武］達成の暁には異業態の織田幕府成立……たとえば羽紫秀吉などは、あらゆる合戦で自分の長所を最大限に発揮して来たが、いよいよ織田信長が［天下布武］を達成し長い戦国時代が終わると、自ずと信長の権力がとてつもなく強固な中央集権国家体制へと移行する。

かつ家臣のキャラクターを一つの機能としか見ない信長の徹底した合理主義的政策と、カリスマ的な冷酷さが同居する特異性、つまり［天才と狂気は紙一重］……それは、信長家臣団が等しく抱いた［同一性危機意識］でもあったのである。

また《攻める》から《治める》へと各種の構造改革も重要な政策となると、かつての朝鮮王朝の【両班《ヤンバン》】、すなわち［東班・文官］と［西班・武官］の如く、特権的な階級が輩出していく。しかもやがて［文官］が強力な権力を掌握する図式からいえば、明智光秀のような武人にして文政面にも優れた人材の重用が、信長政権には最重要な課題となることを秀吉自身が誰よりもよく知っていたのである。しかもかつては［朝廷］［将軍（足利義昭）］［信長］の間を取り持ち、今では信長・信忠父子が［朝廷］の支配を始めようとしている新世紀に光秀は、あたかも豊臣政権の石田三成のように、不可欠な重臣となってこよう。

しかるに天下統一後、柴田勝家、羽柴秀吉、丹羽長秀、滝川一益などの武官に課せられた使命はいかなるものであったのか……すなわち宣教師、ルイス・フロイスに常に語った《毛利を平定し、日本六十六ヶ国の絶対君主となった暁には、一大艦隊を編成してシナを武力で征服し、諸国を自らの子息に分かち与える考えである》という信長の［大陸侵攻政策］……つまり限りある日本国土を踏まえ、［大陸侵攻］でさらなる領土の拡大である。

織田軍団は天下統一後とはいえ戦国時代の終焉どころか、休む間もなくまた朝鮮・中国大陸に転戦し、また数多《あまた》の屍《しかばね》を異国の地に晒さねばならないのである。つまり豊臣秀吉がその晩年に実行した［朝鮮侵攻］も、決して秀吉の独創ではなく、あくまでもこの信長のダミーだったのである。

《とにかく今こそ、この先行き危険な信長を討たねばならない！》

これこそが先述した信長家臣団の誰しもが等しく抱いた潜在的な［同一性危機意識］であって、人一倍信長の恐慌政治の呪縛を怖れ、かつその出生・歪んだ性格・機智力・独創性・先見性などの環境が整った秀吉にして、初めて実行に踏み切れたのである。

◆信長の［朝廷支配］（皇位簒奪《さんだつ》）

天正六年、「正二位右大臣」および「右近衛大将《うこんえのたいしょう》」を辞任して以降、信長にはもう「太政大臣」や「関白」も、ましてや「征夷大将軍」などもまったくその視野になかった。

どうやら信長は、その方法論を変えたのである。天正七年信長は、誠仁親王の第四皇子「五宮（興意親王・三歳）」を自分の猶子とし、将軍追放後の「二条第」を新装して「二条御所」として献上した。誠仁親王も当然この新邸に住まわれるので、「二条御所」を禁裏の《上御所《かみごしょ》》に対して、《下御所《しもごしょ》》と呼称されて来た。

そして信長は二度に亘《わた》って、正親町天皇の譲位と誠仁親王の即位を迫り、老練な正親町天皇と打々発止《ちょうちょうはっし》と鎬《しのぎ》を削り合うのである。

だがやがては、誠仁親王が皇位に就くだろう。そうすれば猶子の「五宮」は、ポスト誠仁親王として、これもやがては皇位に就くことになろう。そうすると「五宮天皇（仮称）」の義父である信長は、《上皇＝治天の君》であり、信長の院政も可能となり、ここに「太政大臣」だった平清盛《たいらのきよもり》に追いつき、追い越すこととなる筈である。

その論拠には安土城の本丸が、京都の《清涼殿》とまったく同じに設計されていたからである（＊ただし逆シンメトリー、左右対称がまったく逆であったことが発掘調査で判明した。また天正十年正月、安土城参賀の折、《御幸《みゆき》の間《ま》》として明智光秀、松井有閑、千宗易をはじめ堺衆の主だった者達にも拝観させている）。

そしてまず正親町天皇がその天正十年に（信長が中国征伐から無事戻り、天下統一の祝いにか）、親しく《行幸《ぎょうこう》》されることが内定しており、やがては誠仁親王も頻繁に《行幸》されるであろうという……まさに天皇を迎えるための御殿であり、しかもやがて近い将来の「五宮天皇」の《御座所》にもなり得るわけである。つまりこれで信長の、皇位簒奪の布石が整ったのである。後は信長の書いたシナリオの結末を待てば良いわけである。

ところがまた別のシナリオが浮上して来たのだ。信長は天正四年、嫡男信忠に早々と家督を譲り、「織田商事株式会社」の代表取締役会長に就任しているのである。でも信忠は、まだ単なる代表権のない取締役社長であるに過ぎない。だが可愛い信忠に《箔》を付けて、「天下布武」の夢を継がせたい。そこで天正九年～十年辺りから「征夷大将軍」の宣下を仰ぎ、武家の棟梁としての幕府を興させたいと画策していたらしい（＊当時の千宗易・羽柴秀吉の書簡（消息文）に見られる《上様》は信長を、《殿様》は信忠を指している)。

だが天正十年三月に武田勝頼を討滅し、一段と[天下布武]の達成に近づいた信長への《御祝儀》として朝廷から【三職推任《さんしきすいにん》】が持ち上がったのである。

かくして同年五月四日、勧修寺晴豊は女官二人を伴い勅使として安土城に下向し、《信長を「太政大臣」か、「関白」か、「征夷大将軍」の三職の何れかに推任するのがよいと(正親町天皇が申され候)》と伝えたが、信長から何らかの回答さえ得られず送り返されてしまったのである。つまり信長は、《自分は無官のまま、嫡男信忠が将軍職に推挙されること》がその本意であったと前述したが、とにかく《信長は、朝廷と幕府(嫡男信忠)の上に立つ、最高権力者に成ろう》としていたのである。

そこに第二のシナリオが具現しつつあったのだ。たとえば平清盛の故事を見倣うまでもなく、自分の娘を、新天皇(誠仁親王)に嫁がせたらどうなるか。だが信長には格好の娘がいない。だが残された選択肢として、嫡男の信忠が居る。そこで三人居られる皇女(内親王)の一人を、次代の武家支配者として新幕府を開設した新将軍・信忠に《御降嫁》頂きたい。そしてこれが実現すれば、やがて生まれてくる御子は、やんごとなき血脈の皇子である。しかも信長の血を分けた御世継ぎの皇子であり、それこそ猶子の「五宮」は、最早不要になる（御子が内親王でも、《女帝》に成り得るのである）。

そして天正十年五月に信長は、安土城内に「総見寺」を建立して、《盆山《ぼんさん》》と称する一個の石を祀り、《予みずからが神である！　予の誕生日を聖日とし、当寺を参詣することを命ず！》として五月十二日の信長の誕生日には、諸国・遠方からとうてい信じられない程多数の人々が同寺に参詣し、多くの怪我人が出るような事故も起きたともいう。

すなわち《神》ともなった信長は、日本の「朝廷」をも包摂して、世界に類を見ない形態で日本を統治していったことであろう。

また十三世紀の元の皇帝・フビライが、高麗王朝の朝鮮を征服し、さらに黄金の国ジパングもその視野に入れ、何回ともなく《元寇》を企てた如く……《唐国《からくに》》（中国〔明〕・朝鮮）をも征服して広大な領土を家臣団に分かち与え、日本国は自分の息子達ががっちりと支配することとなったであろう。

一方民衆といえば、悲惨な戦国時代の終焉と、光輝溢れた信長の治世……それが《神》であろうと、《覇王》であろうと、当時のGNPを増大してくれる信長は、まさに《救世主》そのものである。

以上が紛れもなく、［五宮・猶子の件］と［大陸侵攻］の予定事実を重ねた、信長が日本国統一後意図する未来図なのである。

とにかく本書では、◇歴史的真実とは一体何か？　◇「通史」「通説」が持つ不確実さとは一体何か？　◇歴史的伝承とは一体何か？　と［間違いだらけの本能寺の変］をひたすら追い求めて来た。

☆

そこで『川角太閤記』や『明智軍記』のようなまがい物からの伝承で、江戸時代中期に定着したものと……明智光秀が謀叛に走る動機捜しにのみ躍起となる『××黒幕説』的な二部構成で成り立っていることが解ってきたのだ。

つまり光秀は、この事変の十三日後には「山崎の合戦」であえなく敗死してしまうのだから、事変までの光秀による［信長謀殺］の動機捜しにのみ躍起となり、［探偵ごっこ］に終始していたのではないだろうか……というのが私の結論である。

だが歴史は［流れ］であり……光秀の謀叛で始まったという「本能寺の変」は、決して六月二日で終わったわけではなく、歴史的真実はその後も絶えず流れているのだ。だからこそその先をも読み取り、読み切らねばならない。とにかく明智光秀の謀叛の動機さえ解明すれば、「本能寺の変」が成立すると、世人は皆早合点をしたがるのだが……

「本能寺の変」の実行犯は、厳然と、別に存在していたのである！

☆

本書の掉尾《とうび》にあたり、高柳光寿氏の一文を掲げたい。

《徳川家康は、光秀遺愛の槍を、家臣の水野勝成に与える時に、「光秀にあやかれよ」と明言している。もし後年のように、光秀が信長殺しというのであれば、あやかれとは自分を殺せとの意になる。だから家康も光秀をもって信長殺しとみていない証拠である。つまり「光秀を主殺し」にしてしまったのは、江戸時代の儒学からである》

（『歴史読本』昭和四十二年十一月号）

☆

[特別補遺《ほい》]

「明智光秀・御《ご》霊《りよう》神社《じんじや》」と杉原家次の謎

◆「御霊神社」とは何か？

本項では、最後の課題となっている「本能寺の変・実行隊長」が杉原家次である根拠について論じたい。

その際にまず考えたいのは、「御霊神社」である。『広辞苑』によれば、《京都市上京区にある元府社。早良《さわら》親王らの八所御霊を祀る。同名の社は全国に多く、いずれも遺恨の死を遂げた人々の御霊を祀る》とある。

そこで早速京都に足を運んだところ、上京区の「上御霊神社《かみごりょうじんじゃ》」だけではなく、京都御所に前後して中京区にも「下御霊神社《しもごりょうじんじゃ》」がある。

・「上御霊神社」の祭神は、崇道《すどう》天皇、井上大皇后、他戸《おさべ》親王、藤原大夫人、橘大夫《たちばなのだいぶ》、文大夫《ぶんのだいぶ》、火雷神《からいしん》、吉備《きびの》大臣の八柱。

・「下御霊神社」の祭神は、吉備聖霊《しょうりょう》、崇道天皇、伊豫《いよ》親王、藤原大夫人、藤《とう》大夫、橘《きつ》大夫、文大夫、火雷神の八柱。

それぞれ「八所《はっしょ》御霊」、すなわち「本殿八座」として、

《本殿祭神は、何れも国家の為に御尽くしになった方々でありますが、事に座して冤罪を

御受けになり遂に薨逝《こうせい》せられたのであります。しかるに朝廷においては、後に至って之を念わせられ、或いは位階を御追贈になり、更に清和天皇貞観五年（八六三）には、勅して大いに御霊会《ごりようえ》を行わしめられました》とある（＊崇道天皇とは、早良親王の追尊）。

史実の伝承を想い起こすまでもなく、いらざる讒言《ざんげん》を蒙り、都から遠い異郷の地・太宰《だざい》府《ふ》で没したあの［菅原道真《すがわらみちざね》］のことが想起される。

藤原時平《ときひら》をはじめとする当該者たちは、当時の凄《すさ》まじい天変地異を菅原道真の祟りと直感し、慌てふためいて「天満宮《てんまんぐう》」を建てて道真の［怨霊鎮《おんりようしず》め］とした。

つまり、人を無実の罪に陥《おとしい》れた当該者たちは、それが偶然の事象であれ、天変地異を感じるにつけ、その者の［呻吟《しんぎん》］［怨念《おんねん》］［祟り］と直感して懼《おそ》れて来たのだ。

◆なぜ「明智神社」という名前ではないのか？

ところで福知山市にも、明智光秀を祀る「御霊神社」が存在するが、これはいかなる意味合いを持つことになるのだろうか。

「通説」によれば明智光秀は、自らの意志で「本能寺の変」を遂行したことになるのだから、その結果が武運つたなく敗れたとしても、それはいわゆる「自業自得」「因果応報」であって、この世に光秀の「遺恨」が残るはずはないのだ。

ところが厳然として、光秀を祀る「御霊神社」が福知山市西中ノ町に現存している。

天正七年（一五七九）に丹波を平定した明智光秀は、「永々丹波に在国候て、粉骨の度々の高名、名誉も比類なき」と信長から表彰された。

爾来《じらい》丹波地方を治め、丹波・横山《よこやま》城を福智山城と改め、古い中世の街並みから新しい城下町に整え、「楽市・楽座」を施行し、地子《じし》（税）も免除している。また堤防なども整備して由良川《ゆらがわ》の流路を変える治水対策にも力を注ぎ、善政を布《し》いた（江戸時代に福智山から福知山となる）。

ところが光秀没後百有余年を経ても、福知山の人々が光秀の遺徳の顕彰を怠ったため、光秀の霊が怒って祟りをなしたのか、宝永二年（一七〇五）を前後して天変地異が相次いで起こり、その霊の鎮魂のために「御霊神社」を建てたというが、いささかお怪《か》しい。

たとえば越前・福井市足羽川《あすわがわ》（旧・北ノ庄）畔にある「柴田神社」（柴田勝家を祀る）。

また忠臣蔵の「大石《おおいし》神社」（京都山科・大石内蔵助《くらのすけ》を祀る）を倣《なら》うまでもなく、福知山市の人々が明智光秀の遺徳を顕彰するのであれば、当然「明智神社」であって然るべきである。

ところがこれをわざわざ「御霊神社」にしたということは、明智光秀も菅原道真同様に、何者かによって冤罪に陥れられ、死んでも死にきれないほどの凄まじい遺恨をこの世に残して死んだということになる。つまり、その怨霊鎮めのための社《やしろ》としての「明智光秀・御霊神社」という論理にならざるを得ないのだ（なお「明智神社」も存在するが、一《いち》乗谷《じようだに》の朝倉義景に仕官した時の屋敷跡と称される、福井市東大味《ひがしおおみ》の小規模な祠《ほこら》に祀られている）。

◆光秀を祀る神社は、「本能寺の変」実行犯の領地にあった！

本来この福知山三万石は、「山崎の合戦」で敗れるまで、紛れもなく明智光秀の所領であったはずである。

ところがとんでもない「系図」が、「福知山御霊神社」宝物殿の櫃《ひつ》の中に収められていた。それは『椙原《すぎはら》系図』、すなわち『椙原（杉原）系図』であり……そこには矛盾だらけ

の杉原家次の記録が残されていたのだ。まずその木箱には、

天正八年丹波国天田郡《あまたぐん》福知山城地三万石太守
　椙原七郎左衛門尉《じょう》平家次候御家譜

とあり、続いて本件の「家譜」、すなわち平《たいら》姓を賜った椙原（杉原）家の来歴が縷々《るる》と記《しる》されていて、家次の項には、

同七郎左エ門尉《じょう》　天正八年
　家　次　福知山城地三万石
　　天正十二年九月九日城中病卒《やまいそつす》
　　　　五十四歳
　法名心光院殿養室乗安大居士
　　奥ノ部《べ》村医王山長安寺葬
　　同寺大五輪石碑有之《これあり》

為遺物手鑓馬具一式野　幷《ならびに》当前懸《まえかけ》
廻《めぐ》りる小五輪四ッ在々《ありあり》是八志刃死《じじんし》
墓之外田高七万石三斗之黒印有之

とあり……家次の菩提寺である古刹・長安寺には、［福知山市重要文化財］に指定された閃緑岩《せんりょくがん》で造られた高さ約五メートルもある家次の五輪塔墓石があり……その傍らには、家次の城中病卒（病死・毒殺・自刃？）の跡を追って四人の家老が殉死したとして、家次の墓石に寄り添うように、片隅に約一メートル余の小五輪塔四基が建っている（写真参照）。

つまり杉原家次は天正八年、［誰かから］福知山城地・三万石の所領を与えられ、天正十二年九月に福知山城中で病没していたことになるのである。

ところが前述したごとく、「山崎の合戦」まで福知山は明智光秀の所領であり、明智秀満が城代として「本能寺の変」の十年六月まで在城していたのだ（『領主様歴代記』）。

つまり杉原家次は、一歩たりとも福知山領に足を踏み入れた形跡がないのだ。とにかく人使いの荒い甥の秀吉の指示で（信長父子謀殺の汚れ役を為遂げ）……高松城主切腹の検視役・高松城受取も相務め……一時「山崎の合戦」の折築城した天王山城を受け持った後、京都奉行を務め……「賤ヶ岳合戦」時は坂本城を守り、天正十一年十一月頃やっと福知山城に入城したらしく……十二年九月の城中病卒まで僅か一年未満の城主だったのだが、どうして［杉原七郎左衛門尉家次・天正八年福知山城地三万石］と相成ったのであろうか……

◆家次の死因は、［狂死］だった！

『祖父物語』によれば、《秀吉が織田家に仕え、七千石の時家来に困った秀吉が、家次を家老役として召抱え、「秀吉が出世するたびに、その石高の十分の一を家次に与える」と約束した……》という［秀吉御身内衆］の一人だったが、『斎藤伊兵衛家文書』によれば、《……大坂城普請の折、御舎弟羽柴美濃守の工事遅延で御機嫌斜めの太閤様だったが、代わった家次の夜を日に継いでの精勤で普請が早く出来上がった。太閤様の御機嫌が良かったのでさぞ相当の恩賞が与えられると思ったが、家次には［名物茶盌と定宗作の脇差一振り］を下されただけであった。思惑に相違した家次は、右の拝領品を石に打ちつけて悉く壊してしまわれた。その上この不足を太閤様に申し上げようと急ぎ御登城になったが、居合わせた人々が手足に取りついて押し留めた。

ところがそれをお聞きになった太閤様は、七郎左衛門は気が狂ったかと仰せられ、医師・道三を坂本へ遣わし、養生せよとの上意を伝えられた。しかしはかばかしいききめもないまま、その後福知山へ知行が移された。引き続いて種々の療治をせられたけれども、御本復もなく、ついに城内で自害された。御年五十四歳であった……》と書かれており、この件が原因か……天正十一年十一月二十日の『多聞院日記』によれば、

◇［坂本の城に居る杉原は筑州無並仁也、近日以之外狂云々］とあり、家次が狂するという風聞が拡がっていたこととなり……この辺りから福知山への移封を命じられたのであろう。すなわち秀吉と家次の密なる関係の破局である。

そもそも「ある体制」が、とてつもない陰謀を企てるも、その成功後も加担した者達との軋轢《あつれき》は、長い年月を経るたびに、些細な事からも綻《ほころ》びが出るものである。

それは単に大坂城普請に関わる問題ではなく、「本能寺襲撃」という汚れ役を秀長（美濃守）ともども加担した御身内衆なのに、片や大和一国の恩賞、しかるに自分は［名物茶盌に脇差一振り］だけでは到底納得がゆかず、そこで恩賞の品々を打ち壊して抗議したの

である。やがて秀吉から気が狂《ふ》れたとされ、その治療のため秀吉の典医・曲直瀬道三《まなせどうさん》が遣わされ、上薬《じょうやく》を盛られて徐々に病が重くなり、やがては狂い死にとなったのであろう。

あたかも、

◇破格の九十二万石に出世した蒲生氏郷も、公然と毒殺が囁かれており、［Q83］

◇茶聖と崇め祀られ、権力を振るった千利休にも賜死《しし》が待っていたのである。［Q40］

一方、［見ざる・聞かざる・言わざる］と体制に阿《おもね》た賢者達、細川藤孝・吉田兼見・里村紹巴には、生涯安堵の道があったのだ。

◆家次・狂死の裏に、恐るべき真相が……

ところで家次の狂死に伴い、四人の家老が殉死している。（系図・傍線部）

だがこの四人の忠臣達には甚だ申し訳ない次第だが、はたして額面通りの殉死であったのであろうか。いや、この時代の、こんな状況下での殉死など到底考えられないことだ。

むしろこの四人は、秀吉の命令で詰め腹を切らされたのではないだろうか。もしくは主家の不始末の責任を問われての打ち首だったかもしれない。

いずれにせよ、「本能寺の変」の真相という重要機密を知り過ぎた者達への、秀吉の粛清に外ならなかったのだろう（五家老中殉死は、松井惣右左衛門、松井源左衛門、田中与衛門、高橋弥次左衛門で、青山彦左衛門は、家次の遺子・長房《ながふさ》の守り役を務めた）。

以上で「福知山御霊神社」創建以前の福知山城を巡る、明智光秀・秀満、及び杉原家次に関する経緯の概略がおわかりいただけたと思うが、この「杉原七郎左衛門尉家次・天正八年福知山城地三万石」は未だに謎に包まれているわけで、系図に掲出の遺児たちからも、この謎を解く手立てを検証するしかない。

杉原家は二代・長房、三代・重長、四代・重光《しげみつ》と続くのだが、重光が十七歳で早世したため、ここに杉原家は断絶してしまう。

豊岡市図書館の『杉原氏相続の覚え』なる古文書《こもんじょ》によれば、

《長房は五十六歳で死去。その子重長は十四歳で家督を継ぎ、また二十九歳で死去。甥の重玄（重光）を養子にするが、このとき所領は一万石になっており、しかも重玄は十七歳で早世。ここで杉原家は断絶した》と見える。

このような事態に直面して、重長の妹にして重光の母や、娘を重光に嫁がせた重長の妻室たちは、初代・家次に起因する明智光秀の「怨霊」が激しい祟りになっていると慄《おのの》いたのではなかろうか……そこで光秀の怨霊鎮めのための、「御霊神社」勧請の必然性が起こって来たのであろう。

また「御霊神社」創建の時代的推移を勘案しても、不思議とその辻褄が合って来るのだ。

◆光秀の祟りが「御霊神社」を創建させた……？

「御霊神社」の御由緒、すなわち社記によれば、

《古昔《いにしえ》榎木の下に祠《ほこら》有り、宇賀《うが》御霊神を祭る、かの祠に光秀公の神を合併す》

とある。この記述が意味するところを、順に説明しよう……

まず、福知山の紺屋町に「稲荷社」があって、そこに「宇賀御霊神」を合祀していたのだが、一方、菱屋町には「常照寺《じょうしょうじ》」（日蓮宗）があって、この寺に明智光秀の有名な、「長存院殿丹江太守兼日州刺史明窓玄智日光大居士」なる位牌があり、同寺の日峰上人が

光秀の御霊を祀っていた（『明智軍記』で光秀が切腹に際して、鎧の引き合いから取り出して溝尾庄兵衛に与えた有名な遺偈《ゆいげ》（辞世）に［明窓玄智禅定門］とあるが、恐らくこの常照寺の位牌から由来したものと考えられる）。

時は過ぎて承応二年（一六五三）前後。杉原家三代重長と四代重光が度重なる病魔に冒されるにつけ、これも光秀公の祟りと信じ、件《くだん》の女人たち（重光の母や、重光に娘を嫁がせた重長の妻室）が度々常照寺に参詣し、重長・重光の病平癒の祈願とももども、明智光秀の怨霊鎮めの祈禱もしていたことであろう。

ところがその祈禱の甲斐もなく承応元年・二年（一六五二・三年）と相次いで重長・重光が病死してしまう。女人たちはことさら光秀の祟りを痛感したのではないだろうか。もとより、杉原家初代・家次の横死に伴う重要機密が、杉原家では代々伝承されていたはずで、常照寺の日峰上人も、本格的に光秀の怨霊鎮めのために「御霊神社」の創建を思い立っていた。

しかし、世間的には謀叛人とされている明智光秀の「御霊神社」を表だって創建するわけにはいかず、たまたま敬神崇祖の念の高い福知山城主・松平忠房に日峰上人が願い出て赦しを得、藩主の寺社保護政策の一環に乗じて、紺屋町の「宇賀御霊社（稲荷社）」を勧《かん》請《じよう》して、常照寺内の「明智霊社」と合祀させたのだ。

前述の「御霊神社」の「社記」にも、《承応二年、小宮《こみや》を建立して、光秀公の御文《おふみ》を納める》とあるので、まさに重光が病死したこの時点で、件《くだん》の「椙原系図」も併せて奉納されたと思われる所以《ゆえん》である。

ここで、奉納された「椙原系図」の中に記載されているあの問題の個所、「杉原七郎左衛門尉家次・天正八年福知山城地三万石」に再度ご注目いただきたい。

光秀統治下での福知山城主としての家次三万石は到底あり得ないことなのに、あえて系図に記載して奉納するということは、いかに架空の事象としても、形而上学的にも光秀の前に平伏《ひれふ》して、かつ光秀の足下に擦り寄って赦しを請う以外の何物でもないのだ。

◆偽りの記述を、あえて奉納した女人たちの狙い……?

すなわち、かの女人たちが常照寺を参詣して行った誓願とは、以下のようなものだったと考えられる。

《当家初代杉原家次は、羽柴秀吉より本能寺を襲撃し、弑逆するよう命じられ実行しましたが……それにより光秀公はあらぬ冤罪を蒙られ、「山崎の合戦」でお労《いたわ》しくもお果てになられました。今し想えば慙愧《ざんき》の念に堪えません。そして光秀公の冤罪ゆえの呻吟《しんぎん》、怨念のの苦しみを私どもは衷心より痛切に感じ入っております。また当該者の杉原家次はご存じのごとく光秀公の祟りを一身に受けて、あのような狂い死に致しましたし、さらに四人の重臣たちまでもが秀吉の命を受け、追腹を切らされました。

またさらに光秀公のお怒りは元凶である豊臣家崩壊の鉄槌《てつつい》を下され、厳しい制裁を与えられました。一方当家二代長房は、徳川家康様に御味方し「関ヶ原の戦い」や「大坂夏の陣」で微力を尽くさせていただきました。然るに私ども三代重長・四代重光は、光秀公に何らの他意も持ちませんでしたが、未だ御怒りが解けず本年の承応二年に杉原家は、かくも惨めな御家断絶という結末を迎えてしまいました。かかる上は［遥憶菅魂之化雷］とございます菅原道真公の怨霊鎮めに倣《なら》い、此の地の常照寺に措《お》きまして、第二十四世・日峰上人のご先導で、紺屋町の「宇賀御霊社」と常照寺内の「明智御霊」を合祀すべく小宮を建立し、光秀公の「御霊神社」として勧請させていただきます。

とは申せ今は仮の「御霊社」ではございますが、行く行くは当地御領主様のお赦しと、光秀公から御寵愛を賜りました領民一同心を合わせて、立派な「御社《おやしろ》」に致す所存ですので、今暫く御辛抱のほどを御願い致します。

また［御神体］として光秀公の［御文《おふみ》］を御納め申し、幾久しく我が杉原家で光秀公の「御霊」を御祭祀させていただきますので、光秀公の御怨恨にお鎮まりいただきたく伏してお願い奉ります。

さらに差し出がましくも此処に当家「椙原系図」も奉納させていただきました。なかんずく、当家初代の杉原家次の項には、［杉原七郎左衛門尉家次・天正八年福知山城地三万石］という、とてつもない戯言《ざれごと》を記載致しましたので、また私どもは光秀公のさらなる御怒りを蒙りましょうが、何卒私どもの本意を充分にお汲み取りくださいませ。

いかにも考えようによっては、確かに光秀公は被害者であらせられますが、実は私どもの家次もまた被害者なのです。そこで家次を衷心より改心させまして、光秀公に御臣従させていただきとうございます。つきましては正真正銘の［天正十一年福知山城地三万石］でありました杉原家次を、光秀公の御座世の天正八年まで遡って、［福知山城地三万石の城代家老］（臣下）として忠誠を尽くさせていただきたく、何卒、杉原家次への御怒り、また私ども杉原家への光秀公の御怒り、かつ祟りをお鎮めいただきとうございます。そしていつの日にか杉原家の再興を衷心より請い願い奉る次第です》

以上が、この「椙原系図」所載の［杉原七郎左衛門尉・天正八年福知山城地三万石］に対する謎解きであり……と同時にこの［女人たち］の絡繰りの次第から、杉原家次が紛れもなく秀吉の命による「本能寺襲撃隊」を率いた実行犯と結論せざるを得ないのである。

実証史学を提唱している私が、かかる形而上学的な解釈を致すのは極めて不自然であろうが、さらに「椙原系図」に内包されている幾多の事象を検証していくと、この日峰上人に先導された［女人たち］の祈禱を超えた絡繰りに他ならないのである。

◇一例を挙げれば、三代重長の卒去年（死亡）は、系図上［正保《しょうほう》九年十月三日］とある。だが驚くべき事項として［正保九年］は暦の上では存在しない……つまりこの［正保］は四年で終わっており、［慶安］［承応］と続くのだが、この［慶安］も四年で終わっており、どうしてもこの［正保九年］に系図の製作者が執拗にこだわるのであれば、それを暦年順に直すと何と［慶安］を飛び越して、一六五二年の［承応元年］に当たることとなるのだ。そこで四代重光と卒去年を重ね合わせると、

三代重長　　承応元年十月三日卒　　（一六五二）
四代重光　　承応二年十月四日卒　　（一六五三）

となり、何と愕くことにこの三代重長と四代重光が、一年と一日違いで卒去しているのである……そこでこの懼るべき巡りあわせを故意に伏せるために、重長の卒去年としての［正保九年］を創年したのであろう（前述の『杉原氏相続の覚え』には［承応元年］）。

またさらなる愕くべき事実として……後々の「御霊神社」の例大祭が［十月二日］となるのだが……［重長・十月三日］［重光・十月四日］と両人の忌日が例大祭と不思議と連なるのであって、まさに［例大祭に両人の忌日を追祭祀する］としか考えられないのであって、決して偶発的なものでは到底あり得ない絡繰りが仕組まれていたのである。

もっとも昨今の神社仏閣と同様に、現在の「御霊神社」の例大祭も、十月第一土曜日・第一日曜日に変更されている。

とにかく［女人たち］のこういう絡繰りを検証していくと、杉原家次が、結果的には明智光秀に祟りをなすという、［本能寺襲撃隊］隊長であったことを推定せざるを得ないのである（＊この件に関する詳細は、拙著『本能寺の変　秀吉の陰謀』〔祥伝社〕に所載）。

☆

［あとがき］

立冬も過ぎた頃やっと本稿も脱稿し、ゆっくり推敲を重ねていたが……六月には天啓というべきニュースが飛び込んで来ていたのである。

すなわち岡山市・林原美術館所蔵の古文書群から、「長宗我部元親から、斎藤利三に宛てた書状が発見された」と同美術館が発表したのである。しかも「信長に恭順する」といった内容であり、予想だにもしなかった元親の書状に私は欣喜雀躍したのである。

同美術館の公式サイト発表、および「NHK特別番組」、「読売新聞紙上」によれば、

◇一通目は斎藤利三が天正十年一月十一日に空然《くうねん》（註一）宛て「頼辰《よりとき》（註二）を派遣する旨を伝えると同時に、空然に元親の軽挙を抑えるために依頼したもの」とあったのだ。

◇そこで長宗我部元親は、「本能寺の変」間近の同年五月二十一日に斎藤利三宛て、「甲州征伐から織田信長が帰ってきたら（多少の条件を請うて）その指示に従いたい」と記して、やっと信長に恭順の意を示す内容だったのだ。

＊（註一）空然＝幕府奉行衆の石谷光政《いしがいみつまさ》。斎藤利三の実兄・頼辰を長女の入り婿に迎え、次女を長宗我部元親に嫁がす。すなわち頼辰・元親の義父にあたる。

＊（註二）頼辰＝前述の利三の実兄、石谷頼辰。

これで明らかになったように、明智光秀・斎藤利三主従にとって、長宗我部元親への度重なる説得が功を奏し、後は光秀による織田信長への懐柔策に賭けたことであろう……ただ元親の返書が五月二十一日と、事変まで十日もない瀬戸際であるから、はたしてその懐柔策が功を奏したかは定かではない……だがこの主従の間には、間違いなく一抹の明るさ、安堵感があったはずである（また近畿―土佐の距離間からいっても、書状の到着が物理的に間に合わなかったことも考えられ得るかも知れないが……？）。

ところが六月二日早暁、突然の「本能寺・クーデター」が勃発し、京都周辺に駐留していた光秀・利三主従は、「日向守様、御謀叛！」の渦中に引きずり込まれることになったのである。と同時に、たとえ結果的に信長懐柔策が不成立であったとしても、即、桐野作人氏が主唱する「斎藤利三煽動説《せんどうせつ》」に切り替わるよしとて到底ないはずだ。

逆にもう四国問題に煩わされることもなく、今度は自分たちに降りかかってきた火の粉を振り払うべく、光秀主従は事変勃発後まず近江・美濃平定に力を注ぎ、六月五日に利三は長浜城を陥れ……ここで初めて、「何故事変後、利三は元親に与同しなかったのか？」、

「また四国に在った元親も、何故動く形跡がまったくなかったのか？」が、これらの新発見の文書で改めて納得した次第であり（「Q87参照」）、ここにまた「明智光秀冤罪説」が再浮上してくる所以でもあるのだ。

そもそもこの「四国政策原因説」が成り立った背景は、
◇光秀が元親との取次を外され、大いにその面目を失っていた上に、
◇通説では義兄の利三が元親を救うべく、『元親記《もとちかき》』にある「斎藤内蔵助は四国のことを気づかってか、明智謀叛の戦いを差し急いだ」とある件《くだり》を主題として成立した……
ことにあるのだが、この『元親記』とは著者・高島孫右衛門が、主君・元親の三十三回忌に当たる寛永八年五月に、元親を偲んで事変から四十九年後に書いた回顧録であり、信憑性にも乏しく、かつ「本能寺の変」は光秀の謀叛と決めつけられた時代の所産でもあるから、二次史料以下の物といえよう（「Q87」参照）。
ところがこの『元親記』の件《くだり》を金科玉条に仕立てて、『利三煽動説』や『四国政策原因説』などを無理矢理に構築させてきた歴史観にこそ、無理が生じる原因となったのである。

さて、「信長は「是非に及ばず」を言っていない」から端を発し、【間違いだらけの本能寺の変】を纏めさせて頂いたが……「初めに光秀の謀叛ありき」という通説に雁字搦《がんじがら》めにならず、本書を捨石として「本能寺の変」論争にも新たな息吹を感じて頂けたら幸甚です。

平成二十七年二月

光秀にあらねど家紋の桔梗咲き

井上慶雪

（＊付記）「明智光秀公顕彰会」は光秀の事績を正しく広く伝えることを目的とし、毎年六月十四日に「光秀公の法要遠忌」と「記念講演会」を行っています。

天台真盛宗総本山・西教寺内。「明智光秀公顕彰会」〇七七―五七八―〇〇一三

参考文献

『原色茶道大辞典』（淡交社）
『利休大事典』（淡交社）
『茶道古典全集』（淡交社）
「今井宗久茶湯日記抜書」、「天王寺屋会記」
「松屋会記」、「宗湛日記」、「利休百会記」、その他
『茶道全集』「巻の十二」（創元社）
「仙茶集」「松山吟松庵注解」
『明智光秀公顕彰会』刊行・諸資料（大津市・西教寺）
『兼見卿記』第一（続群書類従完成会）
『兼見卿記』第二（続群書類従完成会）
『當代記』史籍雑纂（続群書類従完成会）
『言経卿記』大日本古記録（岩波書店）
『家忠日記』続史料大成（臨川書店）
『晴豊記』竹内理三編（臨川書店）
『多聞院日記』続史料大成（臨川書店）
『本能寺の変・山崎の戦』高柳光壽（春秋社）
『明智光秀』　高柳光壽（吉川弘文館）
『戦国人名辞典』　高柳光壽（吉川弘文館）
『足利義昭』奥野高広（吉川弘文館）
『安国寺恵瓊』河合正治（吉川弘文館）
『織田信長家臣人名辞典』谷口克広（吉川弘文館）
『明智光秀』小和田哲男（ＰＨＰ新書）

『だれが信長を殺したのか』桐野作人（PHP新書）
『信長は謀略で殺されたのか』鈴木眞哉・藤本正行（洋泉社）
『信長と十字架』立花京子（集英社新書）
『本能寺の変の群像』藤田達生（雄山閣）
『検証　本能寺の変』谷川克広（吉川弘文館）
『「武功夜話」のすべて』滝　喜義（新人物往来社）
『信長公記』奥野高広（角川ソフィア文庫）
『信長公記』現代訳　榊山　潤（ニュートンプレス）
『川角太閤記』現代訳　志村有弘（勉誠社）
『明智軍記』二木謙一（新人物往来社）
『本能寺と信長』藤井　学（思文閣出版）
『真説　本能寺の変』立花京子・桐野作人・他（集英社）
『備中高松城水攻めの検証』林　信男（高松城址保興会）
『長宗我部』長宗我部友親（バジリコ）
『織田信長総合事典』岡田正人（雄山閣）
『図説・戦国武将118』谷口克広・他（学習研究社）
『山崎合戦』秀吉、光秀と大山崎（大山崎町歴史資料館）
『明智日向守光秀祠堂記』（福知山市・御霊神社蔵）
『明智光秀家中軍法』（福知山市・御霊神社蔵）
『相原七郎左衛門尉平家次候御家譜』（福知山市・御霊神社蔵）
『アメリカの小学生が学ぶ歴史教科書』ジェームズ・M・バーダマン・他（ジャパンブック）
『戦乱の日本史』新説・中国大返し（小学館）
『日本の合戦』高松城水攻め・山崎の合戦（講談社）
『河原ノ者・非人・秀吉』服部英雄（山川出版社）

一〇〇字書評

切り取り線

購買動機（新聞、雑誌名を記入するか、あるいは○をつけてください）	
□（　　　　　　　　　　）の広告を見て	
□（　　　　　　　　　　）の書評を見て	
□ 知人のすすめで	□ タイトルに惹かれて
□ カバーがよかったから	□ 内容が面白そうだから
□ 好きな作家だから	□ 好きな分野の本だから

●最近、最も感銘を受けた作品名をお書きください

●あなたのお好きな作家名をお書きください

●その他、ご要望がありましたらお書きください

住所	〒				
氏名		職業		年齢	
新刊情報等のパソコンメール配信を 希望する・しない	Eメール	※携帯には配信できません			

あなたにお願い

　この本の感想を、編集部までお寄せいただけたらありがたく存じます。今後の企画の参考にさせていただきます。Eメールでも結構です。

　いただいた「一〇〇字書評」は、新聞・雑誌等に紹介させていただくことがあります。その場合はお礼として特製図書カードを差し上げます。

　前ページの原稿用紙に書評をお書きの上、切り取り、左記までお送り下さい。宛先の住所は不要です。

　なお、ご記入いただいたお名前、ご住所等は、書評紹介の事前了解、謝礼のお届けのためだけに利用し、そのほかの目的のために利用することはありません。

〒一〇一‐八七〇一
祥伝社黄金文庫編集長　吉田浩行
☎〇三（三二六五）二〇八四
ohgon@shodensha.co.jp

祥伝社ホームページの「ブックレビュー」からも、書けるようになりました。
http://www.shodensha.co.jp/bookreview/

祥伝社黄金文庫

本能寺《ほんのうじ》の変《へん》　88の謎《なぞ》

平成27年3月20日　初版第1刷発行

著　者　井上慶雪《いのうえけいせつ》

発行者　竹内和芳

発行所　祥伝社《しょうでんしゃ》

〒101－8701

東京都千代田区神田神保町3－3

電話　03（3265）2084（編集部）

電話　03（3265）2081（販売部）

電話　03（3265）3622（業務部）

http://www.shodensha.co.jp/

印刷所　萩原印刷

製本所　ナショナル製本

ISBN978-4-396-31657-0 C0195